COLLECTION FOLIO

Cesare Pavese

La plage

Traduction de l'italien par Michel Arnaud,
révisée par Muriel Gallot

Gallimard

Ce texte a précédemment paru dans la collection
« Folio Bilingue » (n° 102).

Né le 9 septembre 1908 à Santo Stefano Belbo, dans les collines au sud-est de Turin, Cesare Pavese vouera toute sa vie un attachement sans borne à sa région, attachement qui marquera toute son œuvre. Orphelin de père, Pavese est un enfant solitaire et passionné par les livres. Après un bref passage dans l'enseignement, il commence à traduire les auteurs anglais et américains comme Melville, Joyce, Defoe, Dickens ou Dos Passos. En 1935, lié avec les milieux intellectuels et antifascistes, il tente d'aider une femme inscrite au Parti communiste, ce qui lui vaut d'être assigné à résidence en Calabre pendant un an. Il entreprend alors d'écrire son journal qui sera publié après sa mort sous le titre *Le métier de vivre.* À partir de 1936, il devient l'un des principaux collaborateurs d'une grande maison d'édition de Turin, Einaudi. La même année, il publie un recueil de poésie, *Travailler fatigue,* qui passe inaperçu. Après la guerre, il adhère au Parti communiste et écrit régulièrement dans *L'Unità.* L'après-guerre est une période très féconde : il publie une réflexion sur les grands mythes de l'humanité, *Dialogues avec Leucò,* et *Le camarade,* l'histoire d'une éducation politique et sentimentale, en 1947. *Avant que le coq chante,* paru l'année suivante, rassemble plusieurs récits dont *La prison* inspiré de son assignation à résidence, et *La maison sur la colline* qui évoque la Résistance dans le Piémont. *Le bel été,* en 1949, se compose de trois courts romans. Son dernier livre, *La lune et les feux*, raconte l'histoire d'un ancien pupille de l'Assistance publique qui revient, après avoir émigré, au pays qui lui tient lieu de pays natal, et fait figure de testament spirituel. Cesare Pavese se suicide le 27 août 1950 à Turin, dévoré par le sentiment que le langage ne peut traduire la réalité de la vie.

Solitaire et obsédé par le désir de saisir l'infinité du monde, Cesare Pavese a laissé une œuvre riche, douloureuse et poétique, d'une très grande beauté formelle.

Lisez ou relisez les livres de Cesare Pavese en Folio :

LE CAMARADE (Folio n° 1835)

LE BEL ÉTÉ / *LA BELLA ESTATE* (Folio Bilingue n° 34)

LA PLAGE / *LA SPIAGGIA* (Folio Bilingue n° 102)

TERRE D'EXIL *et autres nouvelles* (Folio 2 € n° 3868)

HISTOIRE SECRÈTE *et autres nouvelles* (Folio 2 € n° 5016)

L'IDOLE *et autres récits / L'IDOLO e altri racconti* (Folio Bilingue n° 179)

LE MÉTIER DE VIVRE (Folio n° 5652)

I

Depuis pas mal de temps, nous étions convenus, mon ami Doro et moi, que je serais son invité. J'aimais beaucoup Doro et, lorsque, pour se marier, il alla habiter Gênes, j'en fis presque une maladie. Quand je lui écrivis pour refuser d'assister à son mariage, je reçus une réponse sèche et arrogante où il m'expliquait que si l'argent ne doit même pas servir à vous installer dans la ville qui plaît à votre femme, on ne voit pas très bien à quoi il peut servir. Là-dessus, un beau jour, comme j'étais de passage à Gênes, je me présentai chez lui et nous fîmes la paix. Sa femme me fut très sympathique : c'était une gamine qui me dit gentiment de l'appeler *Clelia* et qui nous laissa seuls le temps qu'il fallait, mais, le soir, lorsqu'elle reparut devant nous pour sortir en notre compagnie, elle était devenue une femme ravissante dont, si j'avais été un autre, j'aurais baisé la main.

Cette année-là, je me rendis plusieurs fois à

Gênes et, chaque fois, j'allais les voir. Ils étaient rarement seuls et, à en juger par la désinvolture de Doro, il semblait parfaitement transplanté dans le milieu où évoluait sa femme. Ou plutôt, devrais-je dire, c'était ce milieu qui avait reconnu en lui son homme, et Doro laissait faire, insouciant et amoureux. De temps en temps, ils prenaient le train, Clelia et lui, et ils faisaient un voyage, une sorte de voyage de noces intermittent qui dura près d'un an. Mais ils avaient le bon goût d'en parler à peine. Moi, qui connaissais Doro, j'étais content de ce silence, mais, aussi, envieux : Doro est de ces gens que le bonheur rend taciturnes et, en le retrouvant toujours paisible et occupé de Clelia, je me rendais compte à quel point sa nouvelle vie devait lui plaire. Ce fut même Clelia qui, lorsqu'elle fut un peu plus intime avec moi, me dit, un jour où Doro nous laissa seuls : « Oh oui, il est heureux », et elle me regarda fixement, incapable de réprimer un sourire furtif.

Ils avaient une villa sur la Riviera ligure. Ils en faisaient souvent le but de leurs petits voyages et c'était là que j'aurais dû être leur invité. Mais, ce premier été, mon travail me conduisit ailleurs, et je dois dire, du reste, que j'éprouvais un certain embarras à l'idée de m'immiscer dans leur intimité. D'autre part, les voir, comme je les voyais toujours, au milieu de leurs amis génois, passer, sans avoir le temps de respirer, d'un cancan à l'autre, me plier au rythme de leurs soirées pour moi sans intérêt, et faire, en somme, tout un voyage pour échanger un coup d'œil avec lui ou quelques mots avec Clelia, cela ne valait guère la peine. Je commençai à espacer mes visites et me mis à leur écrire – des lettres de souhaits et quelques potins de temps en temps, qui remplaçaient tant bien que mal mon ancienne familiarité avec Doro. Parfois, c'était Clelia qui me répondait, me donnant, de son écriture rapide et déliée, d'agréables nouvelles choisies avec intelligence dans l'amas changeant de pensées et d'événements d'une autre vie et d'un autre monde. Mais j'avais l'impression que c'était Doro lui-même qui, par paresse, laissait cette corvée à Clelia, et cela me déplut et, sans même éprouver de grandes bouffées de jalousie, je me détachai davantage d'eux. En l'espace d'un an, j'écrivis peut-être encore trois fois et, un certain hiver, j'eus une courte visite de Doro, lequel ne me quitta pas d'une seule minute pendant toute une journée et me parla de ses affaires – c'est pour cela qu'il était venu – mais, aussi, des vieilles choses qui nous intéressaient l'un et l'autre. Il me parut plus expansif que jadis, ce qui, après une aussi longue séparation, était logique. Il me renouvela l'invitation de passer des vacances avec eux, dans leur villa. Je lui dis que j'acceptais, mais à la condition que j'habiterais à l'hôtel et que je ne les verrais que lorsque nous en aurions envie. « D'accord ! dit Doro en riant. Fais comme tu voudras. Nous ne voulons pas te manger... » Là-dessus, pendant encore près d'un an, je n'eus pas de nouvelles, mais, quand fut arrivée la saison des bains de mer, je me trouvai par hasard libre et sans endroit où aller. Ce fut alors à moi d'écrire, pour leur demander s'ils voulaient de moi. Doro me répondit par un télégramme : « Ne bouge pas. J'arrive. »

II

Quand je l'eus devant moi, estival et tellement bronzé que j'avais presque du mal à le reconnaître, mon anxiété se mua en colère. « Ce ne sont pas des manières ! » lui dis-je. Il riait. « Tu t'es disputé avec Clelia ? — Mais non ! »

— J'ai à faire, disait-il. Tiens-moi compagnie.

Nous nous promenâmes toute la matinée, parlant même de politique. Doro tenait des propos bizarres et, plusieurs fois, je lui dis de ne pas élever la voix : il avait un air agressif et sardonique que je ne lui avais plus vu depuis longtemps. J'essayai de le questionner sur ses affaires, avec l'intention d'en revenir à Clelia, mais lui, sur-le-champ, se mit à rire et dit : « Ne me parle pas de mes affaires. On s'en fiche, non ? » Nous fîmes alors quelques pas en silence, et moi, qui commençais à avoir faim, je lui demandai s'il voulait prendre quelque chose.

— On sera aussi bien assis, me dit-il. Tu as à faire, toi ?

— Je devais partir chez vous.

— Alors, tu peux me tenir compagnie.

Et il s'assit le premier. Il jetait parfois des regards circulaires avec ses yeux tout blancs dans son visage bronzé, des yeux inquiets comme ceux d'un chien. Je m'en aperçus, maintenant que je l'avais en face de moi, comme je m'aperçus aussi que son air sardonique était en grande partie dû seulement au contraste que faisaient ses dents avec son visage. Mais lui, ne me laissant pas le temps de parler de ça, dit tout de suite :

— Il y a rudement longtemps qu'on ne s'est vus.

Je voulus voir où il voulait en venir. J'étais agacé. Et, même, j'allumai ma pipe, pour lui faire comprendre que j'avais tout mon temps. Doro tira de sa poche ses cigarettes à bout doré et, en allumant une, me souffla la fumée au visage. Je me tus, attendant.

Mais ce fut seulement avec l'obscurité qu'il se laissa aller. À midi, trempés de sueur, nous déjeunâmes ensemble dans un restaurant ; après quoi, nous reprîmes notre promenade, et lui entra dans divers magasins pour me faire croire qu'il avait des commissions à faire. Vers le soir, nous prîmes la vieille route de la colline, que nous avions tant de fois parcourue ensemble dans le passé, et nous finîmes par échouer dans un petit bistrot, mi-maison de rendez-vous, mi-restaurant, qui, lorsque nous étions étudiants, nous paraissait le *nec plus ultra* du vice. Nous fîmes notre promenade sous une fraîche lune estivale qui nous remit un peu de la touffeur de la journée.

— Ils sont à la campagne, ces parents à toi ? demandai-je à Doro.

— Oui, mais je n'irai quand même pas les voir. J'ai envie d'être seul.

Cela, venant de Doro, était un compliment. Je décidai de faire la paix avec lui.

— Excuse-moi, lui dis-je à mi-voix, mais est-ce que je vais pouvoir venir au bord de la mer ?

— Quand tu voudras, dit Doro. Mais, auparavant, tiens-moi compagnie. Je veux faire un saut au pays.

Nous parlâmes de cela en dînant. L'une des filles du patron, morne et mal maquillée, nous servait, la même peut-être qui, dans le passé, nous avait tant de fois attirés là-haut, mais je vis que Doro ne fit attention ni à elle ni à ses sœurs plus jeunes qui apparaissaient de temps en temps pour servir des couples qui étaient dans les coins de la salle. Doro buvait, ça oui, avec beaucoup d'entrain, et il m'incitait à boire et s'animait en parlant de ses collines.

Il pensait à elles depuis pas mal de temps, me dit-il ; ça faisait – combien ? – trois ans qu'il ne les avait pas revues et il avait envie de prendre des vacances. Moi, j'écoutais et ces propos m'enflammaient moi aussi. Des années et des années avant son mariage, nous avions fait, à pied et sac au dos, le tour de toute la région, seuls tous les deux, insouciants et prêts à tout, allant de fermes en villas, longeant des torrents et dormant parfois dans les granges. Et les propos que nous avions tenus – en y repensant, je rougissais ou, presque incrédule, j'étais plein de nostalgie ! Nous avions alors l'âge où l'on écoute parler son ami comme si c'était vous-même, où l'on vit à deux cette vie en commun qu'aujourd'hui encore, moi qui suis célibataire, je crois que réussissent à vivre certains couples mariés.

« Mais pourquoi ne fais-tu pas cette excursion avec Clelia ? demandai-je sans malice.

— Clelia ne peut pas, balbutia Doro en écartant son verre, elle n'en a pas envie. Je veux la faire avec toi. » Cette dernière phrase, il la dit avec force, fronçant le sourcil et riant, comme il le faisait dans les discussions animées.

— En somme, nous voilà redevenus des gosses, grommelai-je, mais peut-être Doro n'entendit-il pas.

Une chose que je ne pus tirer au clair ce soir-là, c'est si Clelia était au courant de cette escapade. Quelque chose dans l'attitude de Doro me donnait l'impression que non. Mais comment revenir sur un sujet que mon ami laissait tomber avec une telle obstination ? Cette nuit-là, je le fis dormir sur mon divan – il eut un sommeil plutôt agité – et je me demandais comment il se faisait que, pour me communiquer une chose aussi innocente que ce projet d'excursion, il eût attendu jusqu'au soir. Cela m'irritait de penser que c'était peut-être seulement une feinte pour cacher une dispute avec Clelia. J'ai toujours été jaloux de Doro, je l'ai déjà dit.

Cette fois-ci, nous prîmes le train – de bon matin – et quand nous arrivâmes, il ne faisait pas encore chaud. Au fond d'une campagne où les arbres semblaient tout petits tant elle était immense, se dressaient les collines de Doro : des collines sombres, boisées, dont les ombres matinales s'allongeaient sur les coteaux jaunes, parsemés de fermes. Doro – je m'étais promis de le tenir à l'œil – prenait maintenant avec beaucoup de calme cette excursion. J'avais réussi à lui faire dire qu'elle durerait au maximum trois jours. Je l'avais même dissuadé de prendre sa valise.

Nous descendîmes, regardant autour de nous, et, cependant que Doro, qui connaissait tout le monde, entrait à l'Hôtel de la Gare, moi, je m'attardai sur la place solitaire – tellement solitaire que je consultai ma montre, espérant qu'il était déjà midi. Comme il n'était pas encore neuf heures, j'étudiai attentivement le pavé frais et les maisons basses aux persiennes vertes et aux balcons fleuris de glycines et de géraniums. La villa qui, dans le passé, avait été celle de Doro, se trouvait en dehors du pays, sur l'éperon d'une vallée qui s'ouvrait sur la plaine. Nous y avions passé une nuit durant notre fameuse excursion, dans une vieille chambre aux dessus de porte décorés de fleurs, laissant, le matin, les lits défaits et sans nous donner d'autre peine que celle de refermer la grille. Je n'avais même pas eu le temps de faire quelques pas dans le parc qui l'entourait. Doro était né dans cette maison – ses parents y habitaient toute l'année et y étaient morts – et, quand il s'était marié, il l'avait vendue. J'étais curieux de voir sa tête lorsqu'il serait devant cette grille.

Mais lorsque nous sortîmes de l'hôtel pour nous promener, Doro se dirigea d'un tout autre côté. Nous traversâmes la voie ferrée et descendîmes le cours du fleuve. Il était évident que nous allions à la recherche d'un endroit à l'ombre, comme, en ville, on va au café. « Je croyais que nous irions à la villa, marmonnai-je. Ce n'est pas pour ça que nous sommes venus ? »

Doro s'arrêta et me toisa. « Qu'est-ce que tu crois ? Que je voulais faire un retour aux sources ? Ce qui est important, je l'ai dans mon sang et personne ne peut me l'enlever. Je suis ici pour boire un peu de mon vin et chanter une fois encore avec qui je sais. Je m'accorde une récréation, un point c'est tout. »

J'aurais voulu lui dire : « Ce n'est pas vrai ! », mais je gardai tout de même le silence. Je donnai un coup de pied dans un caillou et tirai ma pipe de ma poche. « Tu sais bien que je chante faux », dis-je entre mes dents. Doro haussa les épaules.

La matinée et l'après-midi se passèrent pour nous en tranquille vagabondage, à grimper et à descendre le long des flancs du coteau. On eût dit que Doro faisait exprès de prendre des petits sentiers, qui ne menaient nulle part mais qui allaient mourir dans la touffeur sur une grève, contre une haie ou devant une grille fermée. Nous remontâmes aussi au bout de la grand-route qui traversait la vallée, vers le soir, quand le soleil, déjà bas au-dessus de la plaine, emplissait celle-ci tout entière d'une fine poussière et que les acacias commençaient à frémir dans la brise. Je me sentais revivre et Doro lui-même devint plus loquace. Il parla d'un certain paysan qui, de son temps, était célèbre parce qu'il chassait de chez lui ses sœurs – il en avait plusieurs – et faisait ensuite le tour des fermes où elles cherchaient refuge, se présentant hors de lui et exigeant un repas de réconciliation. « Qui sait s'il est encore vivant ? » dit Doro. Il habitait une ferme que l'on voyait de là-bas. C'était un petit homme sec qui parlait peu et que tout le monde craignait, mais il avait une chose pour lui : il ne voulait pas se marier parce que, disait-il, ça l'aurait ennuyé de devoir chasser également sa femme. L'une de ses sœurs s'était du reste enfuie pour de bon, à la satisfaction générale de tout le pays.

— Qu'est-ce qu'il était ? dis-je. Un homme représentatif ?

— Non, mais un homme né pour tout autre chose, un déphasé, un de ces types qui apprennent à être malins parce qu'ils mènent une vie qui ne les satisfait pas.

— Tout le monde devrait être malin, alors.

— Effectivement.

— Il a fini par se marier ?

— Penses-tu ! Il a gardé l'une de ses sœurs, la plus robuste, pour lui faire des enfants et travailler sa vigne. Et ils étaient heureux. Et peut-être le sont-ils encore.

Doro parlait d'un ton sarcastique et, tout en parlant, il parcourait la colline des yeux.

— As-tu jamais raconté cette histoire à Clelia ?

Doro ne me répondit pas ; il fit la tête de celui qui pense à autre chose.

— Clelia est quelqu'un que cette histoire devrait amuser, continuai-je. D'autant plus qu'elle n'est pas ta sœur.

Mais, pour toute réponse, je n'obtins qu'un sourire. Doro, quand il le voulait, souriait comme un gosse. Il s'arrêta et me mit une main sur l'épaule. « Est-ce que je t'ai jamais dit qu'une année, j'ai amené Clelia ici ? » dit-il. Alors, je m'arrêtai moi aussi. Je ne dis rien, attendant.

Doro reprit : « Je croyais te l'avoir dit. C'est elle-même qui me l'avait demandé. Nous sommes passés en auto, avec des amis. À cette époque-là, nous étions toujours en balade. »

Il me regarda et regarda la colline derrière moi. Il fit mine de se remettre en marche. Je bougeai moi aussi.

— Non, murmurai-je, tu ne me l'as pas dit. Quand était-ce ?

— Il n'y a pas très longtemps, dit Doro. L'année dernière.

— Et c'est elle qui te l'a demandé ?

Doro fit oui de la tête.

— Mais tu as perdu trop de temps, dis-je. C'est avant que tu aurais dû l'y amener. Pourquoi l'as-tu laissée au bord de la mer, cette année ?

Mais Doro souriait déjà de sa manière à lui. Des yeux, il m'indiqua la côte abrupte de la plus haute colline et ne répondit pas. Nous montâmes, taciturnes, tant qu'il fit jour, et, arrivés là-haut, nous nous arrêtâmes pour jeter un coup d'œil sur la plaine, où il nous sembla distinguer dans le gouffre de fine poussière la petite tache sombre de la villa interdite.

Lorsque ce fut la nuit, à l'hôtel, des visages cordiaux commencèrent à faire leur apparition. Il y avait un billard et on jouait. Des contemporains de Doro – des employés et un aide-maçon tout éclaboussé de chaux – le reconnurent et lui firent fête. Ensuite arriva également un monsieur âgé, qui avait une chaîne en or à son gilet et qui se dit heureux de faire ma connaissance.

Pendant que Doro jouait et blaguait, ce vieillard prit un café arrosé de grappa, et, confidentiellement, se penchant au-dessus du guéridon, s'informa des affaires de Doro et me raconta tout au long l'histoire de la villa, laquelle avait été achetée par un certain Matteo alors qu'elle n'était qu'une grange, avec toutes les terres qui l'entouraient, et ce Matteo était je ne sais quel aïeul de Doro, mais, ensuite, le grand-père de Doro s'était mis à spéculer, vendant par parcelles le terrain pour construire la maison, et, à la fin, il n'était plus resté que cette grande villa sans la moindre terre, et lui l'avait prédit à son ami, lequel était le père de Doro, qu'un beau jour ses enfants vendraient aussi la maison, l'abandonnant au cimetière comme un vagabond. Il parlait un italien débonnaire assaisonné de dialecte, et, je ne sais pourquoi, je me mis dans la tête qu'il était notaire. Là-dessus arrivèrent des bouteilles, et Doro buvait debout, appuyé sur sa queue de billard, clignant de l'œil à celui-ci et à celui-là. À une certaine heure, il ne restait plus que l'aide-maçon, lequel s'appelait Ginio, nous deux et un gros gars, qui avait une cravate rouge et que Doro voyait pour la première fois. Nous sortîmes de l'hôtel pour faire quelques pas et la lune nous montra la route. Au clair de la lune, nous devînmes tous comme l'aide-maçon que les éclaboussures de chaux habillaient en Pierrot. Doro parlait en dialecte avec lui ; je les comprenais mais j'étais incapable de répondre avec aisance, et cela nous faisait rire. La lune baignait tout, jusqu'aux grandes collines, d'une vapeur transparente qui voilait et effaçait tout souvenir du jour. Les vapeurs du vin que nous avions bu faisaient le reste : je ne me demandais plus ce que Doro pouvait bien avoir en tête et je marchais à côté de lui, surpris et heureux que nous ayons retrouvé le secret d'il y a tant d'années.

L'aide-maçon nous conduisit en dessous de chez lui. Il nous dit de faire doucement pour ne pas réveiller les femmes et son père ; nous laissant sur l'aire devant les grands trous sombres de la grange, dans la bande d'ombre d'une meule, il reparut peu après, pieds nus, deux noires bouteilles sous le bras, riant comme un idiot. Nous gagnâmes tous furtivement le pré qui était derrière la maison, emmenant le chien avec nous, et nous nous assîmes au bord d'un fossé. Il fallut boire à la bouteille, ce qui déplut au jeune gars à la cravate rouge, mais Ginio dit en riant : « Celui qui ne boira pas est un con », et nous bûmes tous.

« Ici, on peut chanter », dit Ginio en s'éclaircissant la gorge. Il attaqua en solo et sa voix emplit la vallée ; le chien ne voulait plus tenir en place ; d'autres chiens répondirent, de près et de loin, et alors, le nôtre aussi se mit à aboyer. Doro riait, il riait d'une grosse voix heureuse, et puis il but encore un coup et s'unit à la chanson de Ginio. À eux deux, ils ne tardèrent pas à faire taire les chiens, assez longtemps du moins pour que je me rende compte que leur chanson était mélancolique, avec de longues pauses sur les notes les plus basses et des paroles étrangement douces pour ce dialecte rude. Il se peut, naturellement, que la lune et le vin aient contribué à les rendre telles dans mon souvenir. Mais ce dont je suis certain, c'est de la joie, de la soudaine béatitude que j'éprouvai en étendant la main pour effleurer l'épaule de Doro. J'en eus le souffle coupé et, brusquement, je fus plein d'affection pour lui parce qu'au bout de tant de temps, nous étions de nouveau ensemble.

L'autre gars, qui s'appelait Biagio, hurlait de temps en temps une note, une phrase, et puis, baissant de nouveau la tête, il reprenait avec moi une conversation interrompue. Je lui expliquai que je n'habitais pas Gênes et que mon travail dépendait de l'État et d'un vieux diplôme passé quand j'étais jeune. Alors, il me dit qu'il voulait se marier mais qu'il voulait que son mariage soit quelque chose de réussi, et que, pour que ce soit quelque chose de réussi, il fallait avoir la veine de Doro qui, à Gênes, s'était trouvé à la fois une femme et une situation. Moi, ce mot de situation me porte sur les nerfs, et, perdant patience, je dis brusquement : « Vous la connaissez, vous, la femme de Doro ?... Eh bien alors, si vous ne la connaissez pas, taisez-vous. »

C'est lorsque je traite les gens comme ça, que je me rends compte que j'ai plus de trente ans. Je pensai quelque temps à cela, cette nuit-là, pendant que Doro et l'aide-maçon commençaient d'évoquer des souvenirs de régiment. La bouteille que le blanc Ginio essuya avec la paume de sa main avant de me la passer, arriva jusqu'à moi et la rasade que je bus fut longue, pour épancher dans le vin les sentiments que je ne pouvais épancher par le chant.

— Oui, Monsieur, excusez, me dit Ginio en reprenant la bouteille, mais si vous revenez une autre année, je serai marié et c'est chez moi que je vous en déboucherai une.

— Tu te laisses toujours commander par ton père ? dit Doro.

— Ce n'est pas que je me laisse commander, c'est lui qui commande.

— Ça fait trente ans qu'il te commande. Il ne s'est pas encore cassé les reins ?

— Il serait plus facile qu'il les lui casse à lui, dit le gars à la cravate, en riant nerveusement.

— Et qu'est-ce qu'il dit d'Orsolina ? Il te la laisse épouser ?

— On ne sait pas encore, dit Ginio et, retirant ses jambes du fossé, il fit une sorte de saut sur l'herbe, telle une anguille. S'il ne me laisse pas l'épouser, mieux encore ! grogna-t-il, à deux pas de nous. Ce petit homme blanc comme un boulanger, qui faisait des cabrioles et qui tutoyait Doro, je me le rappelle toutes les fois que je vois la lune. Je fis ensuite rire de bon cœur Clelia, lorsque je le lui décrivis. Elle rit de cet air béat qui est le sien et dit : « Ce que Doro peut être enfant. Il ne changera jamais. »

Mais je ne racontai pas à Clelia ce qui se passa ensuite. Ginio et Doro entonnèrent une nouvelle chanson et, cette fois-ci, nous braillâmes tous les quatre, si bien que, de la ferme, une voix furieuse finit par nous crier de cesser. Dans le silence soudain, Biagio hurla une impertinence et se remit, provocant, à chanter. Doro, lui aussi, recommençait à chanter, quand Ginio se mit debout d'un bond. « Non, balbutia-t-il, il m'a reconnu. C'est mon père. » Mais ce sacré Biagio ne voulait rien savoir et il fallut que Ginio et Doro lui tombent dessus pour lui fermer la bouche. Titubant et glissant sur l'herbe, nous venions à peine de nous éloigner quand une idée vint à Doro. « Les sœurs des Murette ! dit-il à Ginio. Ici, on ne peut pas chanter, mais elles, autrefois, chantaient. Allons chez Rosa. » Et il y serait allé sans plus attendre mais le jeune gars me prit le bras et me souffla, consterné : « Faut faire gaffe ! Le brigadier y couche. » Je ne savais trop que faire, mais je rejoignis Doro et le retins à grand-peine par le biceps. « Ne mêle pas le vin et les femmes, lui criai-je impétueusement. Rappelle-toi que nous sommes des messieurs. »

Mais Ginio survint alors, décidé, et il admit que ces trois petites avaient engraissé, mais nous, on n'y allait pas pour ça mais seulement pour chanter un bon coup, et même si maintenant elles étaient devenues grasses, qu'est-ce que ça faisait ? une femme doit être bien roulée ; et, se débattant et entraînant Doro, il disait : « Tu verras que Rosa se rappelle… » Nous étions sur la grand-route, au clair de la lune, nous acharnant tous autour de Doro bizarrement indécis.

Rosa l'emporta, parce que le jeune gars dit, exaspéré : « Tu ne comprends donc pas qu'elles ne veulent pas de toi parce que tu es plein de chaux ? » et il reçut en pleine figure un gnon qui lui fit faire un écart de trois pas et cracher par terre. Alors, il s'éclipsa comme par enchantement et, à un certain moment, nous l'entendîmes qui criait dans le silence de la lune : « Merci beaucoup, *ingegnere* ! Je le dirai au père de Ginio. »

Doro et Ginio s'étaient déjà mis en route, et moi avec eux. Je ne savais que dire, car moi aussi j'hésitais. Si j'avais un regret, c'était seulement que ce salaud d'aide-maçon me battît aux yeux de Doro quant à l'intensité des souvenirs communs, des souvenirs qu'ils évoquaient avec animation en se dirigeant vers le pays. Ils parlaient à tort et à travers, et ce rude dialecte suffisait pour redonner à Doro la saveur authentique de sa vie, du vin, de la chair et de la joie dans laquelle il était né. J'avais le sentiment d'être un intrus, un incapable. Prenant le bras de Doro, je me fourrai devant et poussai un grognement. Après tout, j'avais le même vin dans le corps.

Ce que nous fîmes sous ces fenêtres fut téméraire. Me doutant que ce Biagio devait être posté dans un coin quelconque de la petite place, je le dis à Doro qui ne m'écouta même pas. Tout d'abord, ce fut Ginio qui, riant avec un ricanement d'idiot, frappa à la petite porte vermoulue, éclairée par la lune. Nous parlions dans un souffle, amusés et impatients. Mais personne ne répondait et les fenêtres restèrent closes. Alors, Doro se mit à tousser, et puis Ginio, ramassant des cailloux, les lança là-haut, et puis nous nous disputâmes parce que je dis qu'il allait casser les carreaux, et finalement, Doro, abandonnant toute retenue, poussa un hurlement épouvantable, bestial, modulé comme ceux dont les ivrognes des campagnes font suivre leurs chœurs. Tous les silences de la lune semblèrent en frissonner. Plusieurs chiens, au loin, nous répondirent, furieux, de Dieu sait quelles cours de fermes.

Des portes claquèrent et des volets grincèrent. Ginio, lui aussi, se mit à brailler quelque chose qui ressemblait à la chanson de tout à l'heure, mais, sur-le-champ, la voix de Doro, se joignant à la sienne, la couvrit. Quelqu'un parla, de l'autre côté de la place, une lumière brilla à la fenêtre ; nous nous tûmes et, à peine eûmes-nous le temps d'entendre une kyrielle d'injures et de menaces, que déjà l'aide-maçon s'était jeté contre la petite porte, la criblant de coups de pied et de coups de poing. Doro, m'empoignant par l'épaule, m'entraîna dans la bande d'ombre de la maison voisine.

— On va voir si elles lui videront leur pot de chambre sur la tête, souffla-t-il d'une voix rauque, en riant. Je veux le voir trempé comme une soupe.

Un chien aboyait tout près, je commençais à ne pas me sentir très fier. Nous nous tûmes alors : même Ginio qui serrait entre ses mains l'un de ses pieds nus et qui sautillait sur les pavés. Nous autres nous taisant, les voix venues des rares fenêtres se turent elles aussi ; la lumière disparut ; seuls continuèrent, par intermittences, les aboiements. Ce fut alors que nous entendîmes grincer là-haut avec circonspection le volet.

Ginio s'affaissa dans l'ombre, entre nous deux. « Elles ont ouvert », nous glapit-il au visage. Je le repoussai parce que je me rappelai qu'il était tout enfariné. « Allons, fais-toi connaître », lui dit sèchement Doro. De l'ombre, Ginio appela, regardant vers le haut. Je sentis sous ma main son cou froid et rugueux. « Chantons », dit-il à Doro. Celui-ci, ne l'écoutant pas, siffla discrètement comme lorsqu'on appelle un chien. Là-haut, on palabra.

— Allons, dit Doro, fais-toi connaître, et il lui donna une bourrade qui le précipita sous la lumière de la lune.

Ginio, quand il déboucha en titubant dans le clair de lune, riait toujours et il leva le coude pour se protéger d'un projectile imaginaire. À la fenêtre, tout se taisait. Il se prit un pied dans son pantalon qui tombait et faillit choir. Il buta et s'assit par terre.

— Rosina, oh, Rosina ! cria-t-il, la bouche fendue jusqu'aux oreilles, mais en assourdissant sa voix. Vous savez qui c'est ?

De là-haut, il vint un rire étouffé qui cessa tout de suite.

Ginio se remit à faire l'anguille, cette fois-ci sur la terre dure. Posant ses mains en arrière, il exécuta une série de pirouettes qui le ramenèrent vers la bande d'ombre. Doro s'était déjà levé, prêt à lui flanquer un coup de pied. Mais, d'un saut, Ginio se remit lestement debout, et tout en sautant, il criait : « C'est Doro qui est là, Doro des *Ca' Rosse*, et il est venu de Gênes pour vous voir. » Il semblait devenu fou.

Là-haut, il y eut un mouvement et un grincement de vitres étincelantes ; puis un bruit sourd et lourd contre la porte, laquelle s'ouvrit, fendant la blancheur lunaire dont elle était inondée. Ginio, cloué sur place en plein milieu de sa danse, était à deux pas du seuil. Sur celui-ci venait d'apparaître un homme en manches de chemise, trapu.

À ce moment précis, du fond de la place, une voix aiguë et insolente s'éleva – la voix de ce Biagio – qui hurla : « Marina, n'ouvrez pas, ils sont saouls comme des brutes. » De la fenêtre, arrivèrent des exclamations et un bruit de pas ; j'entrevis vaguement des bras qui s'agitaient.

Mais déjà, sur la marche du seuil, l'homme et Ginio s'étaient empoignés et se débattaient en meuglant, se déplaçant et soufflant comme des chiens enragés. L'homme avait un pantalon noir à liseré rouge. Doro, qui me tenait l'épaule, me lâcha brusquement et bondit sur les corps enchevêtrés. Tournant autour d'eux et essayant de se faufiler dans la mêlée, il donna au hasard quelques coups de pied. Puis, s'écartant, il alla se placer sous la fenêtre. « Qui es-tu ? Rosina ou Marina ? » dit-il en regardant vers le haut. Et, comme on ne répondait pas : « Qui es-tu ? Rosina ou Marina ? » hurla-t-il, un pied sur le seuil de la porte.

Un fracas retentit alors, quelque chose venait de tomber : un vase de fleurs, ainsi qu'on l'apprit ensuite. Doro fit un saut en arrière, sans cesser de regarder vers le haut où, maintenant, s'agitaient au moins deux femmes. « Nous ne l'avons pas fait exprès, dit une voix péremptoire, une voix de femme en colère. Ça vous a fait mal ?

— Qui est-ce qui parle ? brailla Doro.

— C'est Marina, dit une voix plus molle, suppliante. Vous vous êtes fait mal ? »

Alors, je sortis moi aussi de l'ombre, pour dire mon mot. Ginio et l'autre s'étaient séparés et se tournaient autour, se flanquant des baffes rageuses, poussant des grognements. Mais aussitôt le *carabiniere*, en deux bonds, regagna la porte et, en écartant Doro, le rejeta en arrière. Là-haut, les femmes criaient.

Tout autour de la petite place, des fenêtres recommencèrent à s'ouvrir toutes grandes, et des voix ennuyées et des voix furieuses se croisaient. L'homme avait refermé la porte et l'on entendit qu'il mettait hâtivement la barre de bois. Au-dessus de nos têtes, se croisa tout un chapelet d'injures, de plaintes et de voix, dominé par la voix âpre de la première des deux femmes. J'entendis – ce qui acheva de chasser pour moi les brumes du vin – que le nom de Doro courait de fenêtre en fenêtre. Ginio eut beau s'acharner de nouveau contre la porte et crier. Des fenêtres, à travers la place, il commença à pleuvoir sur nous des pommes et des projectiles durs – des noyaux de pêche – et puis, quand déjà Doro empoignait Ginio et l'entraînait, un éclair venu de cette fenêtre et une grande détonation qui fit taire tout le monde.

III

Le premier soir où nous fîmes ensemble une promenade le long de la mer, je racontai à Clelia ce que je pouvais de l'expédition de Doro, c'est-à-dire à peu près rien. Pourtant, l'extravagance de la chose la fit sourire de manière boudeuse. « Quels égoïstes, dit-elle. Et moi qui m'ennuyais ici. Pourquoi ne m'avez-vous pas emmenée avec vous ? »

En nous voyant arriver, l'après-midi qui suivit cette escapade, Clelia n'avait pas marqué de surprise. Il y avait plus de deux ans que je ne l'avais vue. Nous la trouvâmes, châtain et bronzée, en short, sur les marches de la villa. Elle me tendit la main, avec un sourire plein d'assurance, et ses yeux, sous le bronzage, étaient plus nets et plus durs que dans le passé. Et elle s'était sur-le-champ mise à parler de ce que nous ferions le lendemain. Elle retarda, pour fêter mon arrivée, le moment de descendre à la plage. Je lui recommandai en plaisantant Doro qui avait sommeil et les laissai s'expliquer tous les deux seuls. Ce premier soir, j'allai à la recherche d'une chambre et en trouvai une dans une ruelle écartée, une chambre dont la fenêtre donnait sur un gros olivier tout tordu qui avait inexplicablement poussé au beau milieu de la chaussée. Il m'arriva tant de fois dans la suite, alors que je rentrais seul, de le regarder pensivement, que c'est peut-être la chose que je revois le mieux de tout cet été. Vu d'en bas, il était noué et décharné ; mais de ma chambre, quand je me mettais à la fenêtre, c'était un compact bloc argenté de petites feuilles sèches et recoquillées. Il me donnait la sensation que j'étais à la campagne, dans une campagne inconnue, et souvent je le flairais pour voir s'il ne sentait pas le sel. Il m'a toujours paru étrange que, sur le bord extrême d'une côte, entre terre et mer, poussent des arbres et des fleurs et que coule de l'eau bonne à boire. On montait à ma chambre par un petit escalier extérieur en pierre, raide et anguleux. En dessous de moi, au rez-de-chaussée, pendant que je me rasais et faisais ma toilette, éclatait parfois un vacarme de voix discordantes, dont on ne comprenait pas très bien si elles étaient joyeuses ou furieuses et dont certaines étaient féminines. En descendant, je regardai par les grilles des fenêtres, mais le crépuscule plongeait les pièces dans l'obscurité. Ce fut seulement quand je m'étais déjà éloigné qu'une voix domina les autres, comme en solo, une voix jeune et forte à laquelle je fus incapable de donner un nom mais que j'avais déjà entendue. M'interrogeant là-dessus, j'étais sur le point de revenir sur mes pas, quand il me vint à l'idée que, finalement, nous étions voisins et que l'on fait toujours trop vite la connaissance d'un voisin.

— Doro est dans les bois, dit Clelia, le soir où nous longions la plage. Il peint la mer. Tout en marchant, elle se retourna et contempla la mer : « Elle le mérite. Regardez-la vous aussi. »

Nous regardâmes la mer, et puis je lui dis que je ne comprenais pas pourquoi elle s'ennuyait. « Parlez-moi encore de ce petit homme sous la lune, dit Clelia en riant. Comment est-ce qu'il criait ? Moi aussi, l'autre nuit, je regardais la lune.

— Elle faisait probablement la grimace. Il faut plus de quatre ivrognes pour la faire rire.

— Vous étiez ivres ?

— Évidemment.

— Quels gosses ! » dit Clelia.

Pour nous deux, la nuit de Ginio devint comme un mot de passe, et il me suffisait de faire allusion au petit homme blanc et à ses cabrioles pour que Clelia se rassérène et devienne gaie. Mais quand je lui expliquai, ce soir-là, que Ginio n'était pas un petit vieillard chauve mais un contemporain de Doro, elle fit une grimace consternée. « Pourquoi me l'avez-vous dit ? Comme ça, vous avez tout gâté. C'était un paysan ?

— Un maçon, pour être précis. »

Clelia soupirait. « Après tout, lui dis-je, le pays de Doro, vous l'avez vu vous aussi. Vous pouvez vous l'imaginer. Si Doro était né deux portes plus loin, à l'heure qu'il est, vous seriez peut-être la femme de Ginio.

— Quelle horreur », dit Clelia en souriant.

Cette nuit-là, après que nous eûmes fini de dîner sur la terrasse, pendant que Doro fumait sans rien dire, affalé sur son siège, et que Clelia était allée s'habiller pour la soirée, ce que l'on venait de dire quelques instants plus tôt refusait de me sortir de l'esprit. On avait parlé d'un certain Guido, collègue quadragénaire de Doro et célibataire, dont j'avais déjà fait la connaissance à Gênes et que j'avais retrouvé sur la plage dans le cercle de Clelia – c'était un de ses amis – et il se découvrit que c'était avec lui que, durant cette balade en auto, ils étaient passés par le pays de Doro. Clelia, mue par un brusque souvenir malicieux, raconta sans se faire prier toute l'histoire de cette balade, et, en parlant, elle avait l'air de répondre à une question que je ne lui posais pas. Ils revenaient de je ne sais quelle excursion en montagne ; leur ami Guido était au volant et Doro avait dit : « Vous savez que c'est dans ces collines que je suis né il y a trente ans ? » Et alors tous, et Clelia la première, avaient tant assourdi Guido que celui-ci avait consenti à pousser une pointe jusque là-haut. Ç'avait été une folie, car il fallait avertir de ce retard la voiture qui les suivait, et celle-ci n'arrivait jamais et ils l'avaient attendue pendant plus d'une heure au carrefour ; quand enfin elle était arrivée, la nuit était en train de tomber, et de la sorte, après avoir dîné tant bien que mal au village, ils avaient dû grimper par de mystérieuses petites routes dépourvues de panneaux indicateurs et traverser des tas de collines, et quand ils s'étaient retrouvés sur la route de Gênes, c'était presque l'aube. Doro s'était mis à côté de Guido pour reconnaître les lieux et personne n'avait réussi à dormir. Une vraie folie.

Maintenant que Clelia n'était plus là, je demandai à Doro s'ils avaient fait la paix. Tout en parlant, je me disais : « Ce qu'il leur faudrait, c'est un enfant », mais c'était là un genre de propos que je n'avais jamais tenu avec Doro, sinon pour plaisanter. Et Doro dit : « Pour faire la paix, il faut avoir fait la guerre. M'as-tu vu faire la guerre jusqu'à présent ? » Sur le moment, je gardai le silence. Clelia, malgré toute l'intimité qu'il y avait entre nous, était un sujet que nous n'avions jamais discuté, Doro et moi. J'étais sur le point de lui dire que l'on peut faire la guerre par exemple en sautant dans un train et en s'enfuyant, mais j'hésitais, et à ce même instant, Clelia m'appela.

— De quelle humeur est Doro ? me demanda-t-elle à travers la porte entrebâillée de sa chambre.

— Bonne, balbutiai-je sans entrer.

— Vous êtes sûr ?

Clelia vint sur le seuil, s'arrangeant les cheveux. Elle me chercha des yeux dans la pénombre où je l'attendais. « Comment, vous êtes amis et vous ne savez pas que, quand Doro se laisse mettre en boîte sans répondre, cela veut dire qu'il est embêté et irrité ? »

J'essayai alors avec elle : « Vous n'avez pas encore fait la paix ? »

Clelia se retira, sans rien dire. Puis elle reparut, prête et disant : « Pourquoi n'allumez-vous pas ? » Elle me prit le bras et nous traversâmes ainsi la pièce dans la pénombre. Comme nous étions sur le point de déboucher sur le palier qui était éclairé, Clelia me serra le bras et chuchota : « Je suis désespérée. Je voudrais que Doro vous voie beaucoup, car vous êtes amis. Je sais que vous lui faites du bien et que vous le distrayez… »

J'essayai de m'arrêter et de parler.

— … Non, dit vivement Clelia, nous ne nous sommes pas disputés. Et il n'est pas jaloux non plus. Et il ne me déteste pas non plus. Seulement, il n'est plus le même. Nous ne pouvons pas faire la paix, parce que nous ne nous sommes jamais disputés. Vous comprenez ? Mais ne dites rien.

Cette nuit-là, par une route qui n'était que virages et qui grouillait de baigneurs, nous finîmes, avec l'auto de l'habituel Guido, dans une boîte située très haut au-dessus de la mer.

Il y avait un petit orchestre et les gens dansaient. Mais l'agrément de cet endroit consistait surtout en de petites tables avec des lampes à abat-jour disséminées dans des anfractuosités de la roche, qui s'ouvraient à pic sur la mer. Un parfum de plantes aromatiques et fleuries se mêlait à la brise du large, et quand on se penchait, on entrevoyait en bas, rapetissées, les rangées de lumières de la côte.

Je m'efforçai de rester seul avec Clelia, mais sans y réussir. Il y avait là tantôt Doro, tantôt Guido et, tantôt, l'une des amies de Clelia – des personnes isolées et intermittentes, avec qui on ne pouvait pas engager de conversation parce qu'elles changeaient de danse en danse ; quant à Clelia, elle était toujours prise pour la prochaine danse. Le moment arriva où, à sa joyeuse stupeur, je lui dis : « Je veux danser moi aussi », et, m'emparant d'elle, je l'emmenai sous les pins, à l'extérieur du dancing. « Asseyons-nous, dis-je, et vous m'expliquerez cette histoire. »

J'essayai de lui demander pourquoi elle ne se disputait pas avec Doro. Il fallait provoquer une crise – lui dis-je – comme on secoue une montre pour la remettre en marche, et je me refusais à croire qu'une femme comme elle ne soit pas capable, rien que par le ton qu'elle donnerait à sa voix, de contraindre à la sincérité un homme qui, après tout, se livrait encore à des enfantillages.

— Mais Doro *est* sincère, dit Clelia. Il m'a même parlé de cette sérénade que vous avez donnée à Rosina. Vous vous êtes amusés ?

Je crois que je devins tout rouge, mais plus de dépit que de confusion.

— Et moi aussi je suis sincère, continua Clelia en souriant. Elle prit une voix maussade : « Mon ami Guido dit même que mon défaut est d'être sincère avec tout le monde et de ne donner à personne l'illusion que j'ai un secret pour lui seul. Vous êtes tous charmants ! Mais je suis ainsi faite. Et c'est pour cela que j'ai aimé Doro… »

Arrivée là, elle s'interrompit et me regarda à la dérobée : « Vous trouvez que je suis indécente ? »

Je ne répondis rien. J'étais agacé. Clelia garda un instant le silence et puis elle reprit :

— Vous voyez que j'ai raison. Mais oui, je *suis* indécente. Je suis indécente comme Doro. C'est pour cela que nous nous aimons.

— Eh bien alors, faites la paix, lui dis-je. Que signifient toutes ces histoires ?

Clelia gémit alors, à sa manière puérile. « Eh bien, vous aussi, vous êtes comme les autres. Vous ne comprenez donc pas que nous ne pouvons pas nous disputer ? Nous nous aimons. Si je pouvais le haïr comme je me hais moi-même, alors, oui, je lui ferais la vie dure. Mais aucun de nous deux ne le mérite. Vous comprenez ?

— Non. »

Clelia resta muette et nous écoutâmes crisser le gravier, s'interrompre l'orchestre et chanter quelqu'un.

— Quel conseil vous a-t-il donné, votre Guido ? repris-je de la même voix que précédemment.

Clelia haussa les épaules. Des conseils intéressés. Il me fait la cour.

— Par exemple : d'avoir un secret pour Doro ?

— De le rendre jaloux, dit Clelia, d'un air contrit. Quel idiot ! Il ne comprend pas que Doro me laisserait faire et souffrirait en silence.

À ce moment-là, je ne sais quelle amie du groupe vint chercher Clelia, l'appelant et riant : je restai seul, assis sur le banc. J'éprouvais mon habituel plaisir hargneux à me tenir à l'écart, sachant que, à quelques pas, à l'extérieur de cette ombre, mon prochain s'agitait, riait et dansait. Et les sujets de réflexion ne me manquaient pas. J'allumai ma pipe et la fumai tout entière. Puis, bougeant, j'errai parmi les tables du dancing jusqu'au moment où je rencontrai Doro. « On va boire un verre au bar ? lui dis-je.

— Uniquement pour savoir comment me comporter, commençai-je lorsque nous fûmes seuls, est-ce que je peux raconter à ta femme que, pour éviter de recevoir une rossée, nous avons dû décamper le matin suivant ? »

Nous étions en train de rire, quand Doro

répondit avec un demi-ricanement : « C'est elle qui te l'a demandé ?

— Non, c'est moi qui te le demande.

— Mais voyons ! Raconte-lui ce que tu voudras.

— Vous n'êtes donc pas en froid ? »

Doro leva son verre, tout en me regardant pensivement. « Non, dit-il calmement.

— Comment se fait-il alors, dis-je, que, de temps en temps, Clelia te cherche avec des yeux épouvantés, tel un chien ? Elle a tout à fait l'air d'une femme qui aurait été battue. Tu l'as battue ? »

À ce moment-là, la voix de Clelia qui voltigeait sur la piste avec un type, nous cria : « Ivrognes ! » et nous vîmes sa main qui s'agitait pour nous saluer. Doro la suivit des yeux, lui faisant signe que oui, d'un air absorbé, jusqu'à l'instant où elle disparut derrière le dos de son danseur.

— Comme tu le vois, elle est heureuse, dit-il à mi-voix. Pourquoi devrais-je la battre ? Nous faisons meilleur ménage que beaucoup d'autres gens. Elle ne m'a jamais dit un mot grossier. Nous faisons bon ménage même en ce qui concerne les distractions et ça, c'est la chose la plus difficile.

— Je le sais qu'elle fait bon ménage avec toi.

Je m'interrompis.

Doro ne disait rien. Il regarda son verre d'un air vexé, il le regarda, la tête basse, le tenant à quelque distance, et puis il le vida rapidement, se détournant à demi comme lorsqu'on s'éclaircit la gorge en société.

— Le malheur, dit-il du ton que l'on prend pour conclure, tout en s'éloignant du bar, le malheur, c'est qu'on a trop confiance. On dit certaines choses uniquement pour faire plaisir à l'autre.

Clelia et Guido s'approchaient de nous, entre les tables.

— Tu parles pour moi ? dis-je.

— Pour toi aussi, grommela Doro.

IV

J'avais redouté, en venant au bord de la mer, d'avoir à passer des journées fourmillant d'inconnus, à serrer des mains, à remercier et à entamer des conversations au prix d'un labeur à la Sisyphe. Au lieu de cela, en dehors des inévitables soirées en groupe, Clelia et Doro vivaient dans un certain calme. Par exemple, chaque soir je dînais à la villa et leurs amis arrivaient seulement avec la nuit. Notre trio ne manquait pas de cordialité et, encore que nous ayons caché derrière un front serein des pensées inquiètes, nous parlions de nombreuses choses avec le cœur sur la main.

J'eus bientôt quelques aventures personnelles à raconter – cancans du restaurant où je déjeunais, idées bizarres et événements étranges, de ces événements que le désordre de la vie au bord de la mer favorise. Cette voix que j'avais entendue crier en dessous de ma chambre, le premier soir où j'étais descendu de chez moi, s'était fait connaître à moi dès le lendemain. Sur la plage, un jeune homme brûlé par le soleil, qui venait à ma rencontre, me salua aimablement d'un signe de la main et continua sa route. Je le reconnus quand il était déjà passé. C'était tout bonnement un de mes élèves de l'année précédente, qui, un beau jour, avait, sans avertir, négligé de venir prendre son habituelle leçon particulière chez moi et que je n'avais plus jamais revu. Ce même matin, j'étais en train de me rôtir au soleil quand un corps noir et vigoureux se laissa tomber près de moi : c'était de nouveau lui. Il me sourit, découvrant ses dents, et me demanda si je me baignais. Je lui répondis sans lever la tête : j'étais par hasard loin du parasol de mes amis et j'avais espéré être seul. Quant à lui, il m'expliqua avec simplicité que c'était par un pur hasard qu'il était venu sur cette côte, et qu'il s'y trouvait bien. Il ne parla pas de l'histoire des leçons. Agacé, je lui dis que, le soir précédent, j'avais entendu ses parents se disputer. Il sourit de nouveau et me répondit que c'était impossible, car ses parents n'étaient pas là. Mais il reconnut qu'il habitait dans une rue où il y avait un olivier. Et se relevant pour s'en aller, il parla de quelqu'un qui l'attendait. Ce soir-là, je jetai un coup d'œil dans le rez-de-chaussée, d'où venait une violente odeur de friture, et je vis des enfants, une femme qui avait un mouchoir noué autour de la tête, un lit défait et des fourneaux. Comme ils me virent, je m'enquis de lui, et la femme – ma propriétaire en personne – vint sur le seuil de sa porte et, après avoir parlé de choses et d'autres, finit par bénir le ciel que je connaisse son locataire, car maintenant, elle se repentait de l'avoir accepté comme tel et voulait écrire à sa famille – des gens si bien qui envoyaient leur fils à la mer pour le distraire, et lui, pas plus tard qu'hier soir, avait amené une femme dans sa chambre. « Ce sont des choses !... dit-elle. Il n'a pas dix-huit ans. »

Je racontai cette historiette à Clelia et Doro, et je leur décrivis la visite que me fit Berti le matin suivant, en haut de mon escalier, me tendant la main et disant : « Vu que maintenant vous savez où j'habite, mieux vaut qu'on soit amis.

— Tu vas voir qu'il finira même par te demander ta chambre », dit Doro.

Encouragé par l'attention de Clelia, j'en dis davantage. Je me suis mis à expliquer que le toupet de Berti était seulement une sorte de timidité, une timidité qui, par autodéfense, devenait agressive. Je dis que l'année précédente, avant de disparaître et probablement de manger l'argent qu'il aurait dû dépenser à me payer, ce garçon donnait des signes d'embarras et qu'en me voyant, il s'inclinait avec gêne. Il lui était arrivé ce qui arrive à tout le monde : la réalité se muait en son contraire. De même que ces âmes tendres qui jouent la rudesse. Moi, dis-je, je l'enviais, parce que l'adolescent qu'il était pouvait encore se leurrer sur sa vraie nature.

— Je pense, dit Clelia, que, moi, je devrais être d'un caractère renfermé, méfiant et pervers.

Doro sourit sans mot dire. « Doro ne le croit pas, dis-je, mais lui aussi, quand il joue les hommes brusques, c'est quand il a envie de pleurer. »

La femme de chambre qui changeait nos assiettes s'arrêta pour écouter. Elle devint toute rouge et s'esquiva. Je repris : « Il a toujours été comme ça. Je me le rappelle. Il était de ces types qui prennent la mouche quand on leur demande comment ils se portent.

— Si c'était vrai, ce serait facile de comprendre les gens », dit Clelia.

Ces propos cessaient quand, après le dîner, arrivaient les autres. Il y avait l'habituel Guido qui n'abandonnait son auto que pour jouer aux cartes, il y avait des femmes mariées, des jeunes filles et des maris intermittents – bref, le cercle génois. Ce n'était pas pour moi une nouveauté que le fait que plus de trois personnes forment une foule et que l'on ne peut plus rien dire alors qui vaille la peine. Je préférais presque les soirs où l'on prenait l'auto et où l'on parcourait la côte en quête de fraîcheur. Parfois, sur un quelconque belvédère, pendant que tout le monde dansait, je parvenais à échanger quelques mots avec Doro ou avec Clelia ou à dire avec conviction des sottises à l'une des femmes mariées. Il suffisait alors d'un verre et de la brise marine pour me remettre d'aplomb.

De jour, sur la plage, c'était autre chose. On parle avec une étrange prudence quand on est à demi nu : les mots n'ont plus le même son que d'habitude, parfois on se tait et il semble que le silence lui-même libère des paroles ambiguës. Clelia avait une façon extatique de jouir du soleil, étendue sur les rochers, de se fondre avec ceux-ci et de s'aplatir contre le ciel, répondant à peine d'un chuchotement, d'un soupir ou d'un geste brusque du genou ou du coude aux brèves paroles de la personne qui était à côté d'elle. Je m'aperçus bientôt que, lorsqu'elle était étendue ainsi, Clelia n'écoutait vraiment rien. Doro, qui le savait, ne lui parlait jamais. Il restait assis sur sa serviette, mains croisées sur ses genoux, sombre et inquiet ; il ne s'étendait pas comme Clelia ; et si, parfois, il essayait de le faire, au bout de quelques minutes on le voyait se tortiller, se retourner et se mettre sur le ventre, ou se rasseoir comme précédemment.

Mais on n'était jamais seuls. La plage tout entière grouillait et causait – c'est pour cela que Clelia préférait au sable de tout le monde les rochers, la pierre dure et glissante. Lorsqu'elle se relevait, secouant ses cheveux, abrutie de soleil et riant, elle nous demandait de quoi nous avions parlé et regardait qui était là. Il y avait des amies, il y avait Guido, il y avait toute la bande.

L'un sortait alors de l'eau. Un autre y entrait prudemment. Guido, dans son peignoir en tissu éponge blanc, arrivait avec des connaissances toujours nouvelles, qu'il congédiait au pied du parasol. Et puis, il grimpait sur le rocher et blaguait Clelia, mais il n'entrait jamais dans la mer.

L'heure la plus belle, c'était midi passé ou le coucher du soleil, quand la tiédeur ou la couleur de l'eau incitaient les plus rétifs à se baigner ou à se promener sur la plage, et où l'on restait presque seuls, tout au plus avec ce Guido qui causait aimablement. Doro, qui avait une lubie, celle de se distraire avec des pinceaux, plaçait parfois un chevalet sur le rocher, et il peignait des barques, des parasols, des taches de couleur, se contentant de nous regarder d'en haut et d'écouter nos bavardages. Parfois, l'un des membres du groupe arrivait en barque et, accostant avec prudence, nous appelait. Dans les silences qui suivaient, nous écoutions le clapotis de l'eau sur les galets.

L'ami Guido disait toujours que ce clapotis était le vice de Clelia, son secret, l'infidélité qu'elle nous faisait à tous. « Je ne trouve pas, dit Clelia, je l'écoute, nue et étendue au soleil, et peut nous voir qui veut. — Qui sait ? dit Guido. Qui sait les choses qu'une femme comme vous se fait raconter par les vagues. J'imagine ce que vous vous dites avant, quand vous vous étreignez. »

Les marines de Doro – il en fit deux ces

jours-là – étaient peintes en couleurs pâles et imprécises, comme si la violence même du soleil et de l'air, assourdissante et aveuglante, eût éteint ses coups de pinceau. Quelqu'un grimpait derrière Doro et, suivant sa main sur la toile, lui donnait des conseils. Doro ne répondait pas. Une fois, il me dit qu'on s'amuse comme on peut. J'essayai de lui dire qu'il ne peignait pas d'après nature, car la mer était toujours plus belle que ses petits tableaux : il suffisait de la regarder. À sa place, avec le talent qu'il avait, moi j'aurais fait des portraits : c'est une satisfaction que de deviner les gens. Doro me répondit en riant que, les vacances finies, il fermait sa boîte de peinture et n'y pensait plus.

Un soir où l'on avait plaisanté sur ce sujet et où nous nous dirigions avec Doro vers le café de l'apéritif, l'ami Guido observa, de son ton sournois, que personne n'eût dit que sous l'écorce dure et dynamique de l'homme du monde sommeillait, en Doro, l'âme d'un artiste. « Oui, elle sommeille, répondit Doro, nonchalant et content. Qu'est-ce qui ne sommeille pas sous notre écorce à nous autres ? Il faudrait avoir le courage de se réveiller et de se trouver. Ou, du moins, d'en parler. On parle trop peu en ce monde.

— Accouche, lui dis-je. Qu'est-ce que tu as découvert ?

— Je n'ai rien découvert. Mais tu te rappelles tout ce qu'on disait quand on était jeunes. On parlait pour parler. Nous savions très bien que ce n'étaient que des mots, et pourtant nous nous sommes passé cette envie.

— Doro, Doro, lui dis-je, tu deviens vieux. Laisse faire ces choses aux enfants que tu n'as pas. »

Alors, Guido s'était mis à rire, d'un rire cordial qui lui rapetissa les yeux. Il avait une main sur l'épaule de Doro et, tout en riant, il s'appuyait. Quant à nous, nous regardions, incrédules, son crâne à demi chauve et ses yeux durs de bel homme en vacances.

— Quelque chose sommeille également en Guido, dit Doro. Parfois, il rit comme un idiot.

J'observai plus tard que Guido riait ainsi seulement quand on était entre hommes. Ce soir-là, après avoir déposé Doro et Clelia à la grille de la villa, nous laissâmes la voiture à l'hôtel et fîmes ensemble quelques pas. Nous longions la mer. Presque sans le vouloir, nous parlâmes de nos amis. Guido expliqua le voyage de Doro et son retour inopiné en mettant en cause l'inquiétude de l'artiste. Il était curieux de voir combien Doro avait réussi à les convaincre tous du sérieux de son jeu. On parlait même, dans notre cercle quotidien, de l'opportunité de l'inciter à exposer et à faire de son art ce que l'on appelle une profession. « Mais bien sûr, je le lui dis toujours moi aussi », lançait Clelia avec vivacité.

— C'est de la folie, dit Guido ce soir-là.

— Mais Doro plaisante, dis-je.

Guido se tut pendant quelques pas – il avait des sandales et nous avancions lentement, tels deux moines – et puis s'arrêtant, il déclara brusquement : « Moi, je les connais bien, ces deux-là. Je sais ce qu'ils font et ce qu'ils veulent. Mais je ne sais pas pourquoi Doro peint des tableaux.

— Quel mal y a-t-il ? ça le distrait. »

Ce qu'il y avait de mal, c'était que, comme tous les artistes, Doro ne satisfaisait pas sa femme. « Que voulez-vous dire ? » Il voulait dire que le travail cérébral et nerveux diminuait la virilité, et c'est pourquoi tous les peintres ont des périodes de dépression terribles.

— Pas les sculpteurs ?

— Tout le monde, grommela Guido, tous les cinglés qui se surmènent le cerveau et qui ne savent pas quand il est temps de s'arrêter.

Nous étions immobiles devant son hôtel. Je lui demandai quel genre de vie il fallait mener selon lui. « Une vie saine, dit-il. Travailler, mais sans excès. Se distraire, se nourrir et parler. Surtout se distraire. »

Il était devant moi, se dandinant sur ses pieds, les mains derrière le dos. Sa chemise ouverte sur sa poitrine lui donnait un air sournois d'adolescent qui en sait long, de quadragénaire resté adolescent par oisiveté. « Il faut comprendre la vie, dit-il encore, en clignant de l'œil avec une expression gênée. La comprendre quand on est jeune. »

V

Clelia m'avait dit que, tous les matins, Doro s'échappait et allait se baigner dans la mer laiteuse de l'aube. C'était pour cela qu'ensuite, jusqu'à midi, il était tellement paresseux derrière son chevalet. Parfois, me dit-elle, elle y allait elle aussi, mais pas demain, car elle avait trop sommeil. Je promis à Doro que je lui tiendrais compagnie et, juste cette nuit-là, je ne réussis pas à dormir. Je me levai dès les premiers rayons du soleil et, par les rues fraîches et désertes, je gagnai la plage encore humide. C'eût été une occasion de m'attarder à regarder comme l'or du soleil incendiait et découpait les petits arbres du sommet de la montagne, mais, une fois assis sur la plage, je vis s'approcher une tête dans l'eau immobile et le corps sombre de mon jeune ex-élève aborder et sortir de l'eau, ruisselant.

Naturellement, il vint me parler, et, ce faisant, maigre et de petite taille, il se frottait avec sa serviette. Je cherchai au large si je voyais la tête de Doro.

— Comment se fait-il que tu sois seul ? dis-je.

Il ne répondit pas – il était tout entier pris par l'effort qu'il venait de faire – et quand il eut fini de s'essuyer, il s'assit à quelques pas de moi, tourné vers la mer. Quant à moi, je me mis sur le côté pour regarder la montagne fourmillante d'or. Berti fouilla, du bout des doigts, dans un petit paquet, en tira une cigarette et l'alluma. Puis il s'excusa de n'en avoir qu'une.

Je m'étonnai qu'il fût aussi matinal. Berti fit un geste vague et me demanda si j'attendais quelqu'un. Je lui dis qu'à la mer, on n'attend personne. Alors, Berti, d'un bond, s'étendit à plat ventre, et, appuyé sur ses coudes, il fuma en me regardant.

Il me dit que l'atmosphère de foire que la plage prenait au soleil le dégoûtait. Des gosses, des parasols, des nourrices, des familles. S'il n'avait tenu qu'à lui, il les aurait interdits. Je lui demandai alors pourquoi il venait au bord de la mer : il pouvait rester en ville où il n'y avait pas de parasols.

— Sous peu, le soleil va être là, dit-il, en se contorsionnant pour regarder la montagne.

Nous nous tûmes un instant, dans le silence à peine bruissant.

— Vous allez rester longtemps ici ? me demanda-t-il. Je lui dis que je ne savais pas et regardai une nouvelle fois vers le large. On entrevoyait un point noir. Berti regarda lui aussi et me dit : « C'est votre ami. Il était sur la bouée quand je suis arrivé. Ce qu'il nage bien. Vous nagez, vous ? »

Au bout d'un moment, il jeta sa cigarette et se leva. « Vous êtes chez vous aujourd'hui ? dit-il. J'ai à vous parler.

— Tu peux me parler dès maintenant, dis-je en levant les yeux.

— Mais vous attendez des gens. »

Je lui dis de ne pas faire l'idiot. De quoi s'agissait-il ? De leçons ?

Alors, Berti se rassit et se regarda les genoux. Il se mit à parler comme quelqu'un qu'on interroge, de temps en temps absent à lui-même. Il dit en somme qu'il s'ennuyait, qu'il n'avait pas d'amis et qu'il eût été très très content de causer avec moi, de lire avec moi un livre quelconque – non, pas des leçons – mais de lire, comme je l'avais fait quelquefois à l'école, en expliquant et en discutant, en lui apprenant des tas de choses qu'il savait ignorer.

Je lui lançai un coup d'œil à contrecœur mais ma curiosité éveillée. Berti était de ces types qui viennent à l'école parce qu'on les y envoie et qui, quand on parle, vous regardent la bouche avec des yeux gonflés et ennuyés. À présent, nu et bronzé, il étreignait ses genoux et souriait, inquiet. Qui sait, me dis-je soudain, ces garçons sont peut-être les plus éveillés.

Il s'en alla quand la tête de Doro atteignait presque le rivage. Il se leva brusquement et me dit : « Au revoir. » D'autres baigneurs commençaient à se promener au milieu des cabines, et il me sembla qu'il s'élançait à la poursuite d'un jupon qui disparut derrière les cabines. Mais voici que Doro sortait de l'eau, courbé comme pour une escalade, lisse et ruisselant, sa tête brillant sous le bonnet qui lui donnait un air très athlétique. Il s'arrêta, chancelant, devant moi ; il haletait et, sous son sternum et ses côtes, se prolongeaient encore les efforts du nageur. Irrésistiblement, je pensai à Guido et à ses propos du soir précédent, et malgré moi, j'eus un vague sourire. Doro, en arrachant son bonnet, grogna : « Qu'est-ce qu'il y a ?

— Rien, répondis-je. Je pensais à ce drôle de gars de Guido qui est en train d'engraisser. C'est bien la peine de ne pas se marier !

— Si, tous les matins, il nageait pendant une heure, il ne serait plus le même », dit Doro et il se laissa choir à genoux sur le sable.

Berti revint me voir au restaurant, à midi. Il s'arrêta au milieu des tables, sa veste sur l'épaule de son maillot de corps bleu foncé. Je lui fis signe d'approcher. Alors il vint, saisissant au vol une chaise à une table, mais l'attention avec laquelle je le regardais l'intimida, car il s'arrêta et, sa veste ayant glissé de son épaule, il abandonna la chaise pour la ramasser. Je lui dis de s'asseoir.

Cette fois-ci, il m'offrit une cigarette et se mit sur-le-champ à parler. Moi, j'allumai ma pipe sans répondre. Je lui laissai dire ce qu'il voulut. Il me raconta que pour des raisons de famille, il avait dû interrompre ses études, mais qu'il ne travaillait pas encore – et maintenant qu'il avait interrompu ses études, il avait compris en me voyant qu'étudier non pas comme élève mais pour son propre compte, par plaisir, était une chose intelligente. Il dit qu'il m'enviait et qu'il y avait longtemps qu'il s'était aperçu que j'étais non seulement un professeur mais aussi un homme sympathique. Il avait des tas de choses dont discuter avec moi.

— Par exemple ? dis-je.

Par exemple, répondit-il, pourquoi ne fait-on pas ses études en causant avec son professeur et, peut-être même, en se promenant avec lui ? Était-il vraiment nécessaire de perdre son temps à la traîne de quelques idiots qui empêchent toute une classe d'avancer ?

— Effectivement, tu avais tellement envie d'étudier que l'école ne te suffisait pas et que tu prenais des leçons particulières.

Berti sourit et dit que c'était autre chose.

— Et cela me déplaît, continuai-je, d'apprendre maintenant que tes parents ne sont pas millionnaires. Pourquoi leur faisais-tu dépenser de l'argent en leçons particulières ?

Il sourit de nouveau, d'une façon qui avait à la

fois quelque chose de féminin et de méprisant. Ce sont les femmes qui répondent ainsi. C'est une femme qui le lui a appris, me dis-je.

Berti m'accompagna un bout de chemin – ce jour-là, je faisais une excursion avec les amis de Clelia – et il me dit encore qu'il comprenait bien que j'étais venu à la mer pour me reposer et qu'il ne prétendait pas me contraindre à lui donner des leçons mais qu'il espérait au moins que je tolérerais sa compagnie et que je bavarderais quelquefois avec lui sur la plage. Cette fois-ci, c'est moi qui lui fis le sourire de femme et, le laissant au milieu de la rue, je lui dis : « Volontiers, si tu es vraiment seul. »

L'excursion de ce jour-là – nous étions tous dans l'auto de Guido – se termina mal, car l'une des femmes, une certaine Mara, parente de Guido, en voulant cueillir des mûres, glissa d'une butte et se luxa une épaule. Nous étions montés, par l'habituelle route de la montagne, plus loin que la boîte de l'autre nuit, plus loin que les dernières villas isolées, au milieu des pins et des roches rouges, jusqu'au petit plateau où, ce matin-là, j'avais vu briller les premiers rayons du soleil. Une fois que l'on eut transporté la pauvrette sur la route, on comprit tout de suite que l'on ne pouvait pas remonter tous dans l'auto. Guido, très préoccupé, voulut étendre sur les coussins Mara qui gémissait. Il ne restait de place que pour Clelia et deux autres filles qui nous regardèrent, amusées, Doro et moi, et, finalement, nous rentrâmes à pied tous les deux. Au bout de deux cents pas, nous découvrîmes la seconde des filles assise sur un tas de cailloux.

Doro se hâta de mettre un terme à notre conversation : « Voilà ce que c'est que de vivre toujours au milieu des femmes. »

Celle-ci, on l'avait fait descendre pour laisser de la place à Mara qui se plaignait tellement qu'elle devait s'être cassé l'épaule. C'était elle qu'on avait choisie parce qu'elle était l'unique jeune fille de la bande. « Nous autres, nous ne sommes pas des femmes, nous dit-elle, boudeuse. Mara, cette année, a fini de s'amuser. Ils la ramènent à Gênes. » En marchant, elle nous regarda à la dérobée. Doro lui fit un petit sourire de bienvenue. Ils parlèrent un peu de Mara et se demandèrent comment allait prendre la chose son mari, cet homme si énergique qu'il n'abandonnait ses bureaux de Sestri que le dimanche. « Il va être content que sa femme se soit fracturé l'épaule, dit Doro. Finalement, elle va passer un été avec lui. »

La jeune fille – elle s'appelait Ginetta – eut un rire agressif. « Vous croyez ? dit-elle en lui plantant ses yeux gris dans les siens. Moi, je sais que les hommes sont contents quand leur femme est loin. Ce sont des égoïstes. » Doro se mit à rire. « Tu en sais des choses, Ginetta. Je parie que Mara en ce moment ne pense pas à ça. »

Là-dessus, il me regarda. « Pour dire certaines choses, il n'y a que les jeunes gens ou les célibataires.

— Moi, je ne dis rien », grommelai-je.

Cette Ginetta était une jolie fille qui marchait avec impétuosité et qui avait l'habitude de rejeter en arrière ses cheveux, comme une crinière. Elle allait dire quelque chose, quand Doro la prévint.

— Il va venir cette année, Umberto ?

— Les célibataires sont des hypocrites, répliqua-t-elle. Je ne sais pas, répondit-elle ensuite.

— Tu jouis de tous les désavantages, Ginetta. Tu épouses un célibataire qui déjà te laisse seule. Qu'est-ce qu'il pourra bien te faire encore ?

À demi sérieuse, Ginetta regarda devant elle et remua la tête.

— D'ordinaire, observai-je paisiblement, un mari a d'abord été un célibataire. Il faut bien commencer.

Mais Ginetta parlait d'Umberto. Elle nous raconta qu'il écrivait que, la nuit, les hyènes hurlaient et que cela faisait penser à ces gosses qui ne veulent pas dormir. Chère Ginetta, lui disait-il, si nos enfants font autant de boucan, j'irai dormir à l'hôtel. Et puis, il lui disait que la grande différence entre le désert et les pays civilisés, c'était que là-bas on ne fermait pas l'œil à cause du bruit. « Quel idiot ! riait Ginetta. Nous blaguons toujours. »

Les tournants de la route au milieu des pins, où apparaissait la mer, mêlaient pour moi aux paroles volubiles de Ginetta une senteur savoureuse, un léger vertige. On eût dit que la mer, là-bas, au fond, nous attirait. Doro lui aussi marchait d'un pas plus vif. Sous peu, ç'allait être le soir.

— Pauvre Mara, dit Ginetta. Quand va-t-elle pouvoir nager ?

Ce soir-là, nous trouvâmes le parasol désert et la plage déjà dépeuplée. Ginetta et moi, nous entrâmes dans l'eau, et nous nageâmes côte à côte comme pour un championnat, n'osant pas nous éloigner l'un de l'autre dans le silence de la mer vide. Nous revînmes vers la rive sans mot dire, et, entre deux brasses, je voyais la haute côte couverte de pins que nous venions de descendre quelque temps plus tôt. Nous eûmes pied ; Ginetta sortit, luisante comme un poisson, et gagna la cabine. Doro achevait de fumer la cigarette qu'il avait allumée en m'attendant.

Nous montâmes ensemble à la villa où Clelia nous avait précédés. Ce soir-là, à dîner, j'appris que Mara était rentrée à Sestri avec Guido et que, pendant quelques jours, nous serions seuls et sans auto. Cette nouvelle me fit plaisir, car j'aimais passer les soirées dans le calme, à causer.

— Cette idiote ! dit Clelia. Elle aurait pu attendre la fin de la saison pour se casser le bras.

— Ginetta dit que les égoïstes, c'est nous les hommes, observa Doro.

— Elle vous plaît, Ginetta ? me demanda Clelia.

— C'est une fille pleine de santé, dis-je. Pourquoi ? Elle a quelque chose de plus ?

— Oh, rien. Doro soutient que je lui ressemblais quand j'étais jeune fille.

Je dis sentencieusement alors que toutes les jeunes filles se ressemblent et que, pour émettre un jugement sur elles, il faut les voir femmes.

Clelia haussa les épaules. « Dieu sait ce que vous pensez de moi, grommela-t-elle.

— Il me manque certains éléments, dis-je. Seul Doro pourrait émettre un jugement sur vous. »

Doro, inopinément, se mit à plaisanter et dit qu'un homme amoureux a perdu la tête et que son opinion ne compte pas. On aurait cru entendre Guido. Je le lorgnai, stupéfait. Le plus beau, c'est que Clelia ne s'en rendait pas compte et qu'elle haussa de nouveau les épaules, grommelant que nous étions tous les mêmes.

— Qu'est-ce qui se passe ? m'exclamai-je en riant.

Il ne se passait rien, et Clelia, d'une toute petite voix, se mit à se lamenter, disant qu'elle se sentait un vieux débris et que, quand elle pensait à sa jeunesse, ou plutôt à son enfance, lorsqu'elle était écolière et lorsqu'elle était allée à son premier bal, et lorsqu'elle avait mis des bas pour la première fois, il lui venait des frissons.

Doro écouta, pensif, souriant à peine. « J'étais une enfant trop sage, dit Clelia, désolée. Je pensais que, demain, si papa devenait brusquement pauvre et que le feu prenne à la cuisine, nous n'aurions plus à manger. Dans le jardin, je m'étais fait une cachette où il y avait des noix et des figues sèches, et j'attendais que nous soyons devenus pauvres pour offrir mes provisions à papa. J'aurais dit à papa et à maman : "Ne vous désespérez pas. Clelia pense à tout. Vous l'avez punie, mais maintenant elle vous pardonne : alors, ne recommencez plus." Ce que je pouvais être bête.

— À cet âge-là, nous sommes tous bêtes, dis-je.

— Je croyais tout ce qu'on me disait. Je n'osais pas mettre ma tête entre les barreaux de la grille parce que quelqu'un aurait pu passer et m'arracher les yeux. Et pourtant, par la grille, on voyait aussi la mer et je n'avais pas d'autre distraction, car on me tenait toujours enfermée et moi, assise sur le banc, j'écoutais les passants et les bruits du dehors. Quand une sirène retentissait dans le port, j'étais heureuse.

— Pourquoi lui racontes-tu cela ? dit Doro. Pour supporter les souvenirs d'enfance d'un autre, il faut en être amoureux.

— Mais il m'aime », dit Clelia.

Cette nuit-là, nous bavardâmes longuement, et puis nous allâmes voir la mer sous les étoiles. La nuit était si claire que l'on entrevoyait la blancheur des vagues en dessous de la balustrade de la Promenade. Je dis que, somme toute, je ne croyais pas à toute cette eau et que la mer avait pour effet de me faire vivre sous une cloche de verre. Je décrivis mon olivier comme une végétation lunaire, même quand il n'y avait pas de lune. Clelia, se tournant entre Doro et moi, s'exclama : « Comme c'est beau ! Allons le voir. »

Mais en traversant la petite place, nous rencontrâmes des connaissances, et il nous fallut raconter la mésaventure de Mara, et, tout en parlant, Clelia finit par oublier l'olivier, et ils rentrèrent tous à la villa pour jouer aux cartes. Un peu fâché, je les quittai, disant que j'étais fatigué.

Au bout de la petite place, je rejoignis Berti qui n'eut pas le temps de se renfoncer dans l'obscurité. Je poursuivis mon chemin et ce fut lui qui m'adressa la parole.

— Que signifie cette filature ? dis-je alors.

Je l'avais entrevu une heure plus tôt en bas de la villa et il n'avait pas cessé de rôder sur la Promenade, à quelque distance de nous. Sa veste blanche se détachait trop sur son maillot de corps. Il me dit – l'obscurité le rendant audacieux – qu'ayant entendu dire qu'il y avait eu un accident dans la pinède, il avait voulu savoir ce qu'il en était.

VI

— Comme tu le vois, lui dis-je, je suis vivant. Quel besoin y avait-il de me suivre toute la soirée ?

Il me demanda si je rentrais me coucher. Nous nous arrêtâmes sous l'olivier qui faisait une tache noire dans l'obscurité. « On disait qu'une dame s'était tuée, dit Berti.

— Tu t'intéresses également aux femmes mariées ? »

Berti, le menton levé, regardait ma fenêtre. Il se retourna vivement et dit qu'un accident peut décider à partir quelqu'un qui est en villégiature, et qu'il avait pensé que moi ou mes amis nous allions partir.

— C'est une parente à vous ? me demanda-t-il.

Je compris ce soir-là que, quand il parlait de mes amis, il voulait dire Clelia et Doro. Il me demanda également si Mara était leur parente. L'absurde soupçon qu'il pût s'intéresser aux trente ans de Mara me fit sourire. Je lui demandai s'il la connaissait.

— Non, dit-il. Comme ça.

Je lui donnai rendez-vous pour le lendemain sur la plage, plaisantant sur sa trouvaille de lire en ma compagnie. « Si tu crois que c'est un moyen de te faire présenter des filles, tu te trompes. Il me semble que tu sais te débrouiller tout seul. »

Cette nuit-là, je fumai, assis à ma fenêtre, repensant aux confidences de Clelia et dépité à l'idée que jamais Ginetta ne m'en ferait de semblables. Des tristesses que je connaissais bien s'emparaient de moi. Le souvenir de ma conversation avec Guido, s'ajoutant à cela, acheva de me déprimer. Heureusement j'étais à la mer, où les journées ne comptent pas. « Je suis ici pour me distraire », pensai-je.

Le lendemain, nous étions assis, Doro et moi, au sommet du rocher, et Clelia, en dessous de nous, était en train de s'étendre sur le dos, se couvrant les yeux. Sur le sable, le parasol était désert. Nous parlâmes de nouveau de Mara et conclûmes qu'une plage est faite de femmes et, tout au plus, de gosses. Qu'il manque un homme et personne n'y fait attention, qu'il manque une Mara quelconque et un cercle se défait. « Regarde, disait Doro, ces parasols sont autant de maisons : elles y tricotent, elles y mangent, elles s'y changent, elles s'y font des visites, et les rares maris présents restent au soleil, là où leurs femmes les ont mis. C'est une république de femmes.

— On pourrait en déduire que c'est elles qui ont inventé la société. »

À ce moment-là, un nageur aborda en dessous des rochers. En s'agrippant, il leva la tête hors de l'eau. C'était Berti.

Je le lorgnai, mais je ne dis rien. Peut-être ne me voyait-il pas là où j'étais – moi, quand je sors de l'eau, je n'y vois pas à un mètre – et il resta appuyé au rocher, flottant sur l'eau. À la hauteur de son front, à quelques mètres, Clelia, immobile, était étendue sur le dos. Les cheveux de Berti lui retombaient en cascade sur les yeux et, pour se tenir, il faisait avec les mains ces gestes tentaculaires qui sentent encore la natation et l'instabilité. Puis il se détacha brusquement et nagea sur le dos, et revint en contournant une roche submergée à l'endroit où le sable devenait haut-fond pierreux. De là, il me cria quelque chose. Je le saluai d'un signe et me remis à parler avec Doro.

Plus tard, lorsque Clelia s'arracha à sa béatitude et qu'arrivèrent les autres filles et des gens de connaissance, je parcourus la plage des yeux et je vis Berti qui, debout entre les cabines et un journal à la main, lisait. Ce n'était pas la première fois. Mais, ce matin-là, il était évident qu'il attendait. Je lui fis signe de s'approcher. J'insistai.

Berti, pliant son journal sans nous regarder, se mit en marche. Au pied des rochers, il s'arrêta. « Ce garçon est le type entreprenant dont je t'ai parlé », dis-je à Doro. Doro le regarda et sourit, et puis il retourna à sa boîte de peinture. Alors, il me fallut descendre et, m'étant approché de Berti, lui dire quelque chose.

Présenter un jeune homme en caleçon de bain noir à des jeunes filles qui vont et viennent en maillot et à des messieurs en peignoir, est une chose de peu de conséquence et en somme excusable. Mais l'expression grave et ennuyée de Berti m'irrita : je me sentais ridicule. Je grommelai brusquement : « Tout le monde se connaît ici », et comme Ginetta, qui descendait dans l'eau, passait près de nous, je lui dis : « Attendez-moi. »

Lorsque je revins sur le rivage – Ginetta restait plus d'une heure dans l'eau – je le revis assis sur le sable, entre notre parasol et le parasol suivant, s'étreignant les genoux.

Je le laissai où il était. Je préférais causer un peu avec Clelia. Celle-ci, qui sortait à ce moment-là de sa cabine, était en train d'endosser un boléro blanc par-dessus son costume de bain. J'allai à sa rencontre et nous nous saluâmes en plaisantant. Nous nous éloignâmes peu à peu, en parlant, et quand Berti eut disparu derrière le parasol, je me sentis mieux. Nous faisions l'habituelle promenade de la plage, entre l'écume du rivage et les groupes étendus et bruyants.

— Je me suis baigné avec Ginetta, dis-je. Et vous, vous ne vous baignez pas ?

Dès le premier jour, par politesse, j'avais fait mine d'aller dans l'eau avec elle, mais Clelia s'était arrêtée et m'avait regardé avec un sourire ambigu. « Non, non », avait-elle dit. Moi, surpris, je l'avais regardée à mon tour. « Non, non, je me baigne seule. » Il n'y avait rien eu à faire. Elle m'avait expliqué qu'elle faisait tout en public, mais qu'en ce qui concernait la mer, elle s'arrangeait seule avec elle. « Mais c'est bizarre. — C'est bizarre, mais c'est comme ça. » Elle nageait bien et ce n'était pas par gêne. C'était une décision personnelle. « La compagnie de la mer me suffit. Je ne veux personne. Dans la vie, je n'ai rien à moi. Laissez-moi au moins la mer. » Elle s'éloigna en nageant sans faire remuer l'eau, et à son retour, je l'attendais sur le sable. Je revins sur ce sujet et Clelia, à mes protestations, avait répondu par un demi-sourire. « Même pas avec Doro ? demandai-je. — Même pas avec Doro. »

Cet autre matin, nous plaisantâmes sur ses bains mystérieux, et nous enjambions des corps, nous nous moquions des gros ventres et critiquions les femmes. « Vous savez qui est sous ce parasol rouge ? » dit Clelia. On entrevoyait sur la chaise longue une nudité osseuse enfermée dans un deux-pièces, soutien-gorge et culotte. Elle était bronzée par zones ; son ventre découvert montrait la marque d'un précédent costume de bain normal. Les ongles de ses pieds et de ses mains étaient rouge sang. Du dossier de la chaise longue pendait une belle serviette en tissu éponge rose. « C'est l'amie de Guido, chuchota Clelia en riant. Il l'emmène avec lui mais il la tient cachée, et quand il la rencontre, il lui baise la main et lui fait ses civilités. » Là-dessus, me prenant le bras, elle se pencha : « Pourquoi êtes-vous si vulgaires, vous autres hommes ? — Il me semble que Guido a toutes sortes de goûts, dis-je. Quant à la vulgarité, il en a à revendre. — Mais non, dit Clelia, c'est cette femme qui est vulgaire. Lui, le pauvre, il est amoureux de moi. »

Je me mis à lui expliquer que rien n'est vulgaire en soi mais que c'est nous qui créons la vulgarité selon la manière dont nous parlons ou pensons, mais déjà Clelia regardait ailleurs et riait d'un petit bonnet rouge qu'un bébé avait sur la tête.

Nous nous promenâmes ainsi jusqu'au bout de la plage et nous nous arrêtâmes pour fumer sur les rochers. Nous revenions ensuite, engourdis par le soleil et je posais çà et là des yeux distraits, quand j'entrevis près de notre parasol Berti qui s'éloignait – son dos noir, sa culotte de bain – parlant d'un air agité à une petite femme vêtue d'un bizarre déshabillé à fleurs, qui avait des sandales à talons hauts et des joues luisantes et poudrées. Clelia, à ce moment-là, levant le bras, cria quelque chose à Doro, et le couple se retourna – Berti vivement, et il s'esquiva dès qu'il nous vit ; la poule avec désinvolture et d'un air narquois, après quoi, appelant Berti par son prénom, elle s'élança péniblement à sa suite.

— Cette geisha qui te courait après, dis-je à Berti quand il vint me retrouver au restaurant, est-ce que ce n'était pas par hasard la personne que tu as amenée chez toi l'autre jour ?

Berti, la cigarette aux lèvres, sourit avec indifférence.

— Je vois que tu as de belles relations, continuai-je. Pourquoi veux-tu t'en faire d'autres ? Heureusement que je ne t'ai pas présenté à ces jeunes filles.

Berti me regardait fixement, comme on le fait quand on feint de penser à quelque chose. « Ce n'est pas ma faute, dit-il soudain, si je l'ai rencontrée. Excusez-moi auprès de vos amis. »

Changeant alors de sujet, je lui demandai si ses parents étaient au courant de ses manigances. Et lui, avec son habituel sourire vague, dit lentement que cette femme valait plus que beaucoup de jeunes filles de famille, de même, du reste, que toutes les femmes comme elle, lesquelles, si elles menaient une vie difficile, c'était à l'avantage des honnêtes femmes.

— Comment cela ?

— Oui. Les hommes sont tous d'accord pour fréquenter les prostituées, et avec elles ils se soulagent et n'embêtent plus les autres. Alors, qu'ils les respectent !

— D'accord, lui dis-je. Mais alors pourquoi te débines-tu, toi, et as-tu honte d'elle ?

— Moi ? balbutia Berti. C'était autre chose, m'expliqua-t-il : lui, les femmes le dégoûtaient et cela le faisait râler que tous les hommes vivent seulement pour ça. Les femmes étaient idiotes et chichiteuses ; l'engouement des hommes pour elles les rendait indispensables ; il aurait suffi de se mettre d'accord et de ne plus leur courir après pour leur enlever à toutes leur orgueil.

— Berti, Berti, lui dis-je. Par-dessus le marché, tu es hypocrite.

Il me regarda surpris. « Se servir d'une personne, continuai-je, et puis ne plus la saluer, ça non !... » Je vis alors qu'il souriait et qu'il écrasait son mégot avec ostentation. De sa voix la plus paisible, il dit qu'il ne s'était pas servi de cette femme, mais – il sourit – que cette femme s'était servie de lui. Elle était seule, elle s'ennuyait au bord de la mer ; ils s'étaient rencontrés sur la plage – c'était elle-même qui avait commencé à blaguer et à faire des singeries. « Vous voyez, me dit-il. Je ne lui ai pas dit non parce qu'elle me faisait de la peine. Elle a un sac dont la glace est cassée. Moi, je la comprends. Elle est seulement en quête de compagnie et ne demande pas un sou : elle dit qu'au bord de la mer, on ne travaille pas. Mais elle est maligne. Elle est comme toutes les femmes qui profitent du ridicule pour embarrasser un homme. »

Nous rentrâmes à la maison par les rues désertes de deux heures de l'après-midi. J'avais décidé de ne plus donner de conseils à ce garçon : il était de ceux qu'il faut laisser faire, pour voir jusqu'où ils peuvent aller. Je lui demandai si, par hasard, il n'avait pas amené cette femme, cette « dame », avec lui de Turin. « Vous êtes cinglé », me répondit-il brusquement. Mais toute sa spontanéité l'abandonna quand je lui demandai qui lui avait appris à s'excuser de choses qui ne faisaient ni froid ni chaud aux gens. « Quand ?... balbutia-t-il. — Est-ce que tu ne m'as pas demandé tout à l'heure de t'excuser auprès de mes amis ? »

Il m'expliqua que, comme je n'étais pas seul, cela l'ennuyait que nous l'ayons vu avec cette femme. « Il y a des personnes, dit-il, devant qui on a honte d'être ridicule. — Qui ça, par exemple ? » Il se tut un instant. « Vos amis », balbutia-t-il distrait.

Il me laissa au bas de l'escalier et s'éloigna sous le soleil. Comme, pendant ces heures brûlantes, Doro se reposait, moi, qui, de jour, ne réussis pas à dormir, j'avais feint de rentrer chez moi uniquement pour me libérer de Berti. Et maintenant commençait l'ennui quotidien des heures chaudes et vides. J'errai dans le village, comme toujours, mais il n'y avait plus un seul coin que je ne connusse. Je pris alors la route de la villa, désireux de parler à Clelia. Mais il était désespérément tôt et je ruminai longuement, assis sur un petit mur, derrière des arbres qui se découpaient sur la mer. Entre autres choses, je pensai pour la première fois que quelqu'un, ne connaissant pas bien Clelia, aurait pu dire en nous voyant nous promener et rire ensemble, qu'entre nous deux il y avait plus que des relations cordiales.

Je trouvai Clelia dans le jardin, étendue à l'ombre sur un fauteuil en rotin. Elle parut heureuse de me voir et se mit à parler. Elle me dit que Doro en avait marre de peindre toujours la mer et qu'il voulait cesser. Je souris malgré moi. « Votre Guido va être heureux, dis-je. — Pourquoi ? » Je dus alors lui expliquer que, d'après Guido, Doro pensait plus à sa peinture qu'à elle, et que c'était là la cause de leurs disputes.

— Nos disputes ? dit Clelia, fronçant le sourcil.

Je m'impatientai. « Voyons, Clelia, vous ne voulez tout de même pas me faire croire que vous ne vous êtes pas un petit peu querellés. Rappelez-vous le soir où vous me suppliiez de lui tenir compagnie et de le distraire… »

Clelia m'écouta, à demi renfrognée, et de la tête, elle faisait des signes de dénégation. « Je n'ai jamais rien dit, grommela-t-elle. Je ne me rappelle pas. » Elle sourit. « Je ne veux pas me le rappeler. Et vous, ne soyez pas impoli.

— Bon sang, dis-je. Le premier jour où j'étais ici ! Nous rentrions de ce voyage au cours duquel on nous a tiré dessus…

— Magnifique ! s'exclama Clelia. Et cet homme tout blanc qui faisait des cabrioles ? »

Je dus sourire et Clelia dit : « Vous me prenez tous au mot. Vous vous rappelez toutes les choses que je dis. Et vous posez des questions, vous voulez savoir. » Elle se renfrogna de nouveau. « J'ai l'impression d'être de nouveau à l'école.

— Quant à moi… grommelai-je.

— Il ne faut jamais se rappeler les choses que je dis. Moi, je parle, je parle, parce que j'ai une langue et que je suis incapable de rester seule. Ne me prenez pas au sérieux, vous aussi, car cela n'en vaut pas la peine.

— Oh, Clelia, fis-je, serions-nous las de la vie ?

— Mais non, dit-elle en riant, elle est si belle. »

Alors, je dis que je ne comprenais plus ce pauvre Doro. Pourquoi voulait-il cesser de peindre ? Il réussissait si bien.

Clelia devint pensive et dit que, si elle n'avait pas été celle qu'elle était – une enfant gâtée qui ne savait rien faire – c'est elle qui aurait peint la mer qu'elle aimait tant et qui était sa chose ; et pas seulement la mer, mais les maisons, les gens, les petits escaliers raides, Gênes tout entière. « Je l'aime tant, dit-elle.

— C'est peut-être pour cela que Doro a fait cette escapade. Pour la même raison. Lui, il aime ses collines.

— C'est possible. Mais lui dit que son pays

n'est beau que lorsqu'on y repense. Moi, je ne serais pas capable. Je ne possède que cela. »

Assis de la sorte face à face – la petite table, entre nous – nous attendîmes Doro. Clelia se remit à me parler du temps où elle était jeune fille et elle plaisanta beaucoup sur les naïvetés de cette vie, sur ce milieu clos de vieillards qui voulaient faire d'elle une comtesse et qui la ballottaient dans le cercle de trois maisons – un magasin, un palais et une villa – et ce qui lui plaisait à elle c'était le triangle des rues qui les unissaient à travers la ville tout entière. Le palais de son oncle était un vieux palais avec des fresques et des brocarts, vitré comme un musée, qui, vu de la rue, s'avançait au-dessus de la mer et avait de grands carreaux montés sur plomb. Quand elle était enfant, disait Clelia, c'était un cauchemar que d'entrer dans ce vestibule et de passer l'après-midi dans la lugubre pénombre de ces petites salles. Par-delà le toit, il y avait la mer, il y avait l'air, il y avait la rue et son mouvement ; et elle, il lui fallait attendre que sa mère eût fini de chuchoter avec sa vieille tante ; et sans arrêt, martyrisée par l'ennui, elle levait les yeux vers les tableaux sombres où surgissaient des moustaches, des chapeaux de cardinal et des joues décolorées de poupées sans âge.

— Vous voyez combien je suis idiote, disait Clelia. Alors, quand le palais était presque à nous, je ne pouvais pas le souffrir ; et maintenant que nous sommes pauvres et ruinés, je donnerais n'importe quoi pour l'avoir.

Avant que Doro soit apparu sur le balcon, Clelia me dit encore que sa mère ne voulait pas qu'elle reste dans le magasin où était son père, parce que ce n'était pas bien qu'une enfant comme elle entende discuter derrière le comptoir et apprenne tous ces gros mots. Mais le magasin était plein de choses et avait des vitrines scintillantes – les mêmes objets que ceux dont le palais était plein – et là, les gens allaient et venaient, et Clelia était heureuse de voir son papa content. Elle lui demandait toujours pourquoi on ne vendait pas aussi les tableaux et les lampes du palais, car ainsi on ne serait plus allé à la ruine. « J'ai eu une enfance pleine de sagesse, m'expliqua-t-elle en souriant. Je me réveillais la nuit avec la terreur que papa soit devenu pauvre.

— Mais pourquoi une telle peur ? »

Clelia dit alors que, ces années-là, elle était tout entière pétrie de peur. Ses premières pensées d'amour, elle les avait eues devant un tableau représentant le martyre de saint Sébastien, un jeune homme nu, couvert de sang coagulé et tout écaillé, avec des flèches plantées dans le ventre. Les yeux tristes et énamourés de ce saint la rendaient honteuse quand elle le regardait, et pour elle, cette scène signifiait l'amour.

— Pourquoi est-ce que je vous raconte ça, du reste ? dit-elle.

Quelques instants plus tard, Doro apparut sur le balcon, tout occupé à s'éponger le cou. Il me fit un signe et rentra dans la maison pour descendre. Je demandai à Clelia si elle avait changé d'idée sur l'amour.

— Naturellement, me dit-elle.

VII

La nuit, quand je rentrais, je me mettais à ma fenêtre pour fumer. On s'imagine favoriser de la sorte la méditation, mais la vérité c'est qu'en fumant, les pensées se dissipent comme brouillard et que l'on rêvasse tout au plus, ce qui est bien différent de penser. Les trouvailles, les découvertes viennent, par contre, inopinément : quand on est à table, que l'on nage dans la mer ou que l'on parle de tout autre chose. Doro connaissait mon habitude de m'abstraire pendant un instant en plein milieu d'une conversation pour suivre des yeux une idée imprévue. Il faisait la même chose lui aussi et, dans le passé, nous nous étions beaucoup promenés ensemble, chacun ruminant en silence. Mais maintenant ses silences – comme les miens – me paraissaient absorbés, distants, bref insolites. Il n'y avait que quelques jours que j'étais à la mer et j'avais l'impression qu'il y avait un siècle. Pourtant, il ne s'était rien passé. Mais la nuit, quand je rentrais, j'avais le sentiment que toute la journée écoulée – la banale journée de plage – attendait de ma part je ne sais quel effort d'élucidation pour que je puisse m'y reconnaître.

Lorsque, le lendemain de l'accident de Mara, je revis l'ami Guido avec sa maudite auto, pendant les quelques secondes que je mis à traverser la rue pour lui serrer la main, je compris plus de choses que durant toute une nuit passée à fumer la pipe. Je veux dire que j'entrevis que les confidences de Clelia étaient une défense inconsciente contre la vulgarité de Guido : un homme, du reste, on ne peut plus bien élevé et galant. Guido était assis au volant, bronzé et rose, tendant la main et découvrant ses dents pour me saluer. Guido était riche et bovin. Clelia réagissait à la dérobée ; donc elle le prenait au sérieux et lui ressemblait. Qui sait où j'en serais arrivé si Guido ne s'était mis à rire et ne m'avait contraint de parler. Je montai avec lui dans l'auto et il me conduisit au café où, à cette heure-là, il y avait tout le monde.

Pendant qu'ils parlaient de Mara, moi, j'étais tout occupé à examiner mon idée, et je me demandai si Doro donnait le même sens que moi à ces regrets de Clelia et comment il se faisait que cela ne l'ennuyât pas que Clelia n'ait pas de secrets pour moi non plus. Sur ces entrefaites, ils arrivèrent eux aussi, et, dès les premiers mots, Guido dit à Clelia qu'en traversant Gênes, il avait pensé à elle. Clelia lui dit qu'il avait l'esprit mal tourné. C'était une plaisanterie, mais elle suffit à me faire soupçonner que, dans le passé, elle avait également fait à Guido les mêmes confidences sur son enfance, et la chose me fut difficile à avaler.

Après le dîner, Guido nous rejoignit à la villa avec un certain air de fête, nous amenant Ginetta dans son auto. Pendant que Doro et Guido parlaient de choses de leur travail, moi j'écoutais Clelia et Ginetta et je repensais à cette saillie de Doro quand nous descendions de la montagne : que la caractéristique de quelqu'un qui se marie, c'est de vivre avec plus d'une femme. Mais Ginetta était-elle une femme ? Son sourire boudeur et le côté envahissant de certaines de ses opinions en faisaient plutôt un adolescent sans sexe. Je comprenais de moins en moins comment Clelia avait pu, étant jeune fille, ressembler à cette Ginetta. Il y avait chez celle-ci une gaminerie réservée, retenue, mais qui, parfois, lui libérait tout le corps. Ce n'était certainement pas elle qui se serait confessée à ses amis, et pourtant, quand on la regardait parler, on avait le sentiment que rien ne restait caché en elle. Les yeux gris qu'elle ouvrait sans ostentation avaient une clarté aérienne.

Elles parlaient de je ne sais quel scandale – je ne me rappelle pas bien – mais je me rappelle que la jeune fille n'était pas d'accord et qu'elle en appelait à Doro, l'interrompant le cas échéant, et que Clelia avec beaucoup de douceur continuait de répéter que ce n'était pas une question de morale mais de bon goût.

— Mais ils vont se marier, disait Ginetta.

Ce n'était pas une solution, répliquait Clelia, se marier était un choix et non un remède, et un choix qui devait être fait avec calme.

— Diable, ce doit être un choix, dit Guido. Après toutes les expériences qu'ils ont faites.

Ginetta ne sourit pas et répliqua que, si le but du mariage était la famille, tant mieux si on y avait pensé tout de suite.

— Mais le but n'est pas simplement la famille, dit Doro. C'est de préparer le climat d'une famille.

— Mieux vaut un enfant sans climat, qu'un climat sans enfants, décréta Ginetta.

Là-dessus, elle rougit et rencontra mon regard. Clelia se leva pour nous servir les liqueurs.

Après cela, nous jouâmes aux cartes. Tard dans la nuit, Guido nous ramena chez nous. Après avoir déposé Ginetta devant le garage, nous retournâmes à pied vers l'hôtel. J'aurais préféré faire cette promenade tout seul, mais Guido qui, pendant toute la soirée, avait peu parlé et joué avec une distraction agressive, me dit de lui tenir compagnie. Je lui reparlai de Mara. Guido soutint nonchalamment la conversation : Mara était en de bonnes mains et hors de danger. Quand nous fûmes arrivés devant son hôtel, il continua tout droit.

Nous parvînmes, taciturnes, à l'entrée de ma ruelle et je fis mine de m'arrêter. Guido fit encore quelques pas et puis il se retourna d'un air négligent.

— On vous attendra, dit-il. Venez donc jusqu'à la gare.

Je demandai qui m'attendait et Guido répondit avec insouciance que, bon sang, je devais tout de même avoir quelqu'un avec moi pour me tenir compagnie. « Je n'ai personne, lui répliquai-je. Je suis célibataire et seul. »

Alors Guido marmonna quelque chose et, là-dessus, nous nous remîmes à marcher.

— Qui aurait dû m'attendre, demandai-je de nouveau. Sans doute ce jeune homme de la plage ?

— Non, non, *professore*, je voulais dire une relation… une amie.

— Pourquoi ? Vous m'avez vu avec quelqu'un ?

— Je ne dis pas cela. Mais il faut tout de même se défouler d'une façon quelconque.

— Je suis ici pour me reposer, expliquai-je. Et mon défoulement, c'est d'être seul.

— Ah oui, dit Guido pensif.

Nous étions sur la petite place, devant le café, quand je parlai. « Et vous, dis-je, vous avez une amie ? »

Guido releva la tête. « Oui, dit-il agressivement.

Oui. Nous ne sommes pas tous des saints. Et elle me coûte les yeux de la tête.

— Vous la tenez pourtant bien cachée, *ingegnere*, m'exclamai-je.

Guido sourit avec complaisance. « C'est cela qui me coûte les yeux de la tête. Deux notes, deux cabines, deux tables. Croyez-moi, une maîtresse est l'épouse qui coûte le plus cher.

— Mariez-vous », dis-je.

Guido découvrit ses dents en or. « Ce serait toujours une double dépense. Vous ne connaissez pas les femmes. Une amie, tant qu'elle espère, se tient coite. Elle a tout à gagner. Mais un malheureux qui a une femme est entre ses mains.

— Alors, épousez votre amie.

— Vous plaisantez. Ce sont des choses que l'on fait quand on est vieux. »

Je le quittai devant son hôtel, lui promettant que, le lendemain, je ferais la connaissance de son amie. Il me serra la main avec effusion. En rentrant, je pensais à Berti, et je regardai autour de moi, mais cette fois-ci, il n'était pas là.

Le lendemain, après m'être attardé à écrire jusque tard dans la matinée, j'errai par les rues, ruminant encore les idées du soir précédent, qui, maintenant, dans le tumulte et la clarté du jour, m'apparurent ternes et sans consistance. Je voulais arriver sur la plage quand ils y seraient déjà tous.

Mais à l'entrée de l'établissement, je trouvai Guido, cette fois-ci en peignoir marron, qui sur-le-champ me séquestra et nous nous dirigeâmes comme convenu vers ce certain parasol. Quand nous y fûmes arrivés, Guido eut un sourire spontané et s'exclama : « Chère Nina. Comment as-tu dormi ? Tu permets… » et il lui dit mon nom. J'effleurai les doigts de cette main maigre et, gêné par la réverbération et le parasol, je vis surtout des jambes, longues et brunies, et les sandales compliquées qui les terminaient. Elle s'était redressée pour s'asseoir sur sa chaise longue et me regarda avec des yeux secs et incolores comme la voix avec laquelle elle parla à Guido.

Nous échangeâmes quelques banalités et je lui demandai si elle se baignait ; elle me dit qu'elle ne se baignait que vers le soir, dans l'eau tiède ; elle accueillit par des petits rires plusieurs de mes saillies et me tendit de nouveau la main quand je pris congé, m'invitant à revenir. Guido resta.

En arrivant au rocher, je vis Berti qui, assis contre la pierre, adressait la parole à une amie de Ginetta, âgée de seize ans, et Doro étendu entre eux sur le sable laissait faire. Clelia, à cette heure-là, était en mer.

VIII

Un de ces matins-là, Doro m'expliqua pourquoi il en avait marre de peindre. Il m'avait pris par le bras et peu à peu, nous nous étions éloignés du village, par la grand-route qui surplombait la mer.

— Si je redevenais jeune, me dit-il, je ferais seulement de la peinture. Je m'enfuirais de chez moi, je claquerais la porte, mais ce serait une chose décidée.

Cette fougue me plut, mais je lui dis que, dans ce cas, il n'aurait pas épousé Clelia. Doro dit en riant que c'était là l'unique chose qu'il n'avait pas ratée. Clelia, oui, était une belle vocation. Mais, dit-il, ce qui le faisait râler, ce n'étaient pas ces tableaux idiots qu'il peignait à ses moments perdus, c'était d'avoir perdu le goût et l'envie de parler de tant de choses avec moi, ça oui.

— De quelles choses ?

Il me toisa férocement sans s'écarter et se mit à dire que, si je le prenais ainsi, il ne se plaignait plus, car moi aussi je vieillissais et il était évident qu'il en était de même pour tout le monde.

— C'est possible, dis-je, mais si tu as perdu l'envie de parler, je n'y suis pour rien.

Je me rendais compte que j'étais fâché et que c'était ridicule, mais toujours est-il que je me tus et Doro lâcha mon bras. Je regardais la mer en dessous de nous et une idée me passa par la tête : et si leurs disputes, à Clelia et à lui, étaient faites de sottises de ce genre ?

Mais voici que Doro se remit à parler avec la voix insouciante d'avant et je compris qu'il ne s'était même pas aperçu que j'étais fâché. Je lui répondis avec indifférence, mais, en moi, la rancune, une véritable et authentique colère, grandit.

— Tu ne m'as pas encore expliqué pourquoi tu t'es disputé avec Clelia, dis-je finalement.

Mais Doro se déroba de nouveau. D'abord, il ne comprit pas à quoi je faisais allusion, puis il me regarda de travers et me dit : « Tu penses encore à ça ? Tu es vraiment têtu. Ça arrive tous les jours entre gens mariés. »

Le même jour, je dis à Clelia, qui se plaignait de l'ennui d'un roman, que, dans ces cas-là, la faute en était à celui qui lit. Clelia leva les yeux et sourit. « C'est la même chose avec tout le monde, dit-elle. Vous venez ici pour vous reposer et vous devenez impertinents.

— Qui ça, tout le monde ?

— Même Guido. Mais Guido, du moins, a l'excuse d'avoir une amie qui l'embête. Vous non. »

Je haussai les épaules, avec une grimace narquoise. Quand je lui dis que j'avais fait la connaissance de cette personne, Clelia se colora de plaisir et, battant presque des mains, me supplia : « Dites-moi, dites-moi. Comment est-elle ? »

Je savais seulement que Guido avait vaguement l'idée de se débarrasser d'elle, par exemple en me la passant. Je dis cela de ce ton grave qui plaisait à Clelia et je la vis heureuse. « Il se plaint qu'elle lui coûte trop cher, ajoutai-je. Pourquoi ne l'épouse-t-il pas, du reste ?

— Il ne manquerait plus que ça, dit Clelia. Mais elle est idiote, cette femme. C'est malin de se laisser mettre dans un placard comme un carton à chapeau ! Elle vous plaît ?

— Jusqu'à présent, je n'ai vu que ses jambes. Qui est-ce ? une danseuse ?

— Une caissière, dit Clelia. Une sorcière que tout le monde connaissait à Gênes avant que Guido tombe entre ses griffes.

— Alors, elle est maligne.

— Avec Guido, il n'en faut pas beaucoup, sourit Clelia.

— Moi, je crois qu'elle joue les femmes dociles pour mieux l'attraper, dis-je. C'est un bon signe quand une femme se laisse mettre dans un placard. Cela veut dire qu'elle se considère déjà chez elle.

— Si vous croyez que c'est un bon signe, dit Clelia renfrognée.

— Mais que pourrait-il faire de mieux que l'épouser ?

— Non, non, s'indigna Clelia. Je ne le recevrais plus chez moi.

— Vous préféreriez qu'une brute comme lui épouse une Clelia ou une Ginetta ? » Je la regardais furtivement pour voir si elle réagissait, mais la brute passa. « Il est inique, dit Clelia, qu'une jeune fille soit sans défense devant vous autres. Elles ont bien raison, ces femmes, de vous faire marcher. »

De fait, l'un de ces après-midi, je reçus la visite de Guido tout bonnement chez moi. Il se présenta sur le seuil de ma porte avec un petit rire gêné et dit qu'il ne voulait pas me déranger dans ma lecture. Je le fis entrer, embarrassé à mon tour à cause de mon petit lit en fer, et s'asseoir près de la fenêtre. Il s'éventa avec son chapeau et puis me demanda de l'excuser auprès de Doro et Clelia, car il ne pourrait pas venir nous prendre avec son auto. Il avait un rendez-vous.

Sur la plage, ce soir-là, nous cassâmes du sucre sur le dos de Guido. Les plus venimeuses, c'étaient les jeunes filles qui tenaient à l'excursion. Berti, qui était maintenant accepté et circulait parmi nous, sembla le seul indifférent. Je l'entendis qui répondait à Ginetta que, finalement, on venait à la mer pour être dans l'eau et non pour visiter des sanctuaires.

— Alors, lui dis-je, en m'asseyant près de lui sur le sable, tu ne penses plus à nos lectures ?

— Si, me dit-il.

— Et même avec ces jeunes filles.

Il me regarda avec ressentiment. « Moi ? » dit-il. C'était un fait que, assis en dessous du rocher, il avait un air ennuyé. Et précédemment, quand je l'avais vu, il leur tenait tête à toutes d'un air condescendant et plein de réluctance.

— Tu ne vas pas me dire que nous aussi, nous te répugnons. C'est toi qui es venu nous trouver.

Berti sourit. Ginetta, ajustant son bonnet, prête à nager, passa devant nous. À la voir, moi qui étais assis, avancer lentement tout en se couvrant les oreilles, elle me parut plus grande, plus femme. Berti regarda ses genoux et grogna : « Elles m'embêtent. On ne comprend pas ce que ça peut être, une jeune fille. »

Doro se présenta devant nous et fit mine de se jeter sur le sol. « Ce garçon est mon étudiant », lui dis-je. Je les présentai l'un à l'autre. À genoux, ils s'effleurèrent la main.

Puis Doro se mit à causer avec moi de je ne sais quoi, en proie à l'une de ces humeurs bizarres et brusques qui étaient les nôtres quand nous étions étudiants. Il était évident que Berti ne comptait pas. D'une part, j'écoutais Doro et, de l'autre, je tenais à l'œil mon jeune gars.

Lequel de but en blanc demanda : « Vous allez rester longtemps, *ingegnere* ? »

Doro nous regarda de travers et ne répondit pas. Berti attendit, son visage tout rouge bien que cuit par le soleil. Au bout d'un long silence, je finis par dire que je m'en irais à la fin d'août. Mais Doro, implacable, n'ouvrit pas la bouche. Nous regardâmes tous les trois la mer dans laquelle Ginetta entrait alors et d'où, inopinément, émergea Clelia. Nous la laissâmes s'approcher et je ne savais pas si je devais sourire. Elle nous fit une grimace parce que l'un de ses pieds glissa sur les cailloux.

— Vous pouvez y aller, la mer est à vous, nous cria-t-elle, en faisant le geste, et elle se dirigea vers le parasol. Doro s'était levé. « Nous faisons quelques pas ? » me dit-il. Je me levai à mon tour, regardant à peine Berti. L'air stoïque, il continuait de considérer fixement l'horizon.

Plus tard, rafraîchis et reposés, nous étions assis autour du parasol, et Clelia fumait une cigarette et moi ma pipe.

— Qui sait où est passé Berti ? dis-je. Doro ne bougea pas. Étendu entre nous, il regardait le ciel. « Vous êtes vraiment amis, dit Clelia, vous êtes inséparables. — Je sers de paravent à ses amours, dis-je. Il y a une femme qui, autrement, serait jalouse. »

Ces histoires plaisaient à Clelia et je dus lui raconter toute la chose et notre discussion au restaurant. Doro qui ne disait rien continua de regarder le ciel.

IX

Je revis Berti, renfrogné, au restaurant. Il entra visiblement par pur désœuvrement. Il me dit qu'il voulait venir me retrouver dans l'après-midi pour lire quelque chose avec moi.

— Tu n'aimes plus les jeunes filles ? dis-je.

— Lesquelles ?... Je les déteste, me répondit-il.

— Tu ne vas tout de même pas dire que tu recherches la compagnie de l'*ingegnere* ?

Il me demanda si Doro était vraiment mon ami. Je lui répondis que oui, que lui et sa femme étaient les amis les plus chers que j'avais.

— Sa femme ?

Il ne savait pas que Clelia était la femme de Doro. Ses yeux étincelèrent. « Vraiment ? » répétait-il et il baissait les yeux avec cette expression impassible d'ennui, qui était son expression sérieuse. « Qu'est-ce que tu croyais ? marmonnai-je. Que c'était une danseuse ? »

Berti froissa la nappe et me laissa dire. Puis il leva vers moi deux yeux brillants, ingénus, bref, ses yeux de jeune garçon, et il me demanda de nouveau si cet après-midi, il pouvait monter chez moi.

— Personne ne doit venir vous voir ? dit-il.

Il était évident qu'il pensait à Clelia.

— Comment ? lui dis-je. Tu détestes les femmes et tu deviens tout rouge quand tu penses à elles ?

Berti me répondit je ne sais quelle sottise et puis nous nous tûmes et, finalement, nous levâmes. Dans la rue, il était taciturne, mais il répondait en s'animant, de l'air de quelqu'un qui dit n'importe quoi parce qu'il pense à quelque chose de précis. Je m'arrêtai sous l'olivier pour causer un instant avec la propriétaire, et lui m'attendit au bas du petit escalier, regardant fixement et caressant la pierre lisse qui servait de rampe, un sourire à la fois tendre et dédaigneux aux lèvres. « Monte », lui dis-je en le rejoignant.

Lorsque nous fûmes en haut, il alla à la fenêtre et, y appuyant son dos, me regarda m'affairer dans la pièce.

— *Professore*, je suis content, dit-il brusquement, tandis que, lui tournant le dos, je me rinçais la bouche.

Je lui demandai pourquoi et il me répondit par un geste, comme pour dire : « Comme ça ! »

Cet après-midi-là non plus, nous ne lûmes pas. Il se mit à m'expliquer que, de temps en temps, il lui venait l'envie de travailler, une sorte de fureur, un désir de faire quelque chose, non tant d'étudier que d'avoir une situation de responsabilité, quelque chose de fatigant mais de quoi trimer jour et nuit, pour devenir un homme comme nous autres, comme moi. « Eh bien alors, travaille, lui dis-je. Tu es jeune ; moi, si j'étais à ta place... » Il me dit alors qu'il ne comprenait pas pourquoi les gens prônaient tellement la jeunesse : lui, il aurait voulu avoir déjà trente ans – autant de gagné – ces années intermédiaires étaient idiotes.

— Mais toutes les années sont idiotes. C'est une fois qu'elles sont passées qu'elles deviennent intéressantes.

Non, dit Berti, il ne trouvait vraiment rien d'intéressant dans ses quinze ou dans ses dix-sept ans ; il était content de les avoir franchis.

Je lui expliquai que ce que son âge avait de beau, c'était que les sottises ne comptaient pas et cela justement pour la raison qui lui déplaisait : qu'on vous considérait seulement comme des gosses.

Il me regarda en souriant.

— Alors, ce que je fais, ce ne sont pas des sottises ?

— C'est selon, lui dis-je. Si tu embêtes les femmes de mes amis, ce sera certainement une sottise, en plus d'une muflerie.

— Je n'embête personne, protesta-t-il.

— On verra.

Il m'avoua, au cours de la conversation que nous eûmes encore, qu'il avait cru stupidement que cette jeune femme était l'amie de mon ami et que le fait de savoir qu'au contraire elle était sa femme lui avait fait plaisir, car cela le faisait trop râler que les femmes, sous le prétexte qu'elles sont des femmes, se vendent au premier offrant. « Il y a des jours où le monde et la vie me semblent un vaste bordel. »

À ce moment-là, il fut interrompu par une voix aigre, que je connaissais bien, une voix de femme irritée qui monta de la rue, ripostant à celle de notre propriétaire. Nous nous regardâmes en face. Berti se tut et baissa les yeux. Je compris que c'était la femme de la plage, sa maîtresse pour rire. Berti ne bougea pas.

Notre propriétaire disait : « Je n'en sais rien, il n'est pas là. » L'autre hurlait des grossièretés, affirmant que personne ne lui avait jamais manqué de respect et que l'eau bénite ne suffisait pas pour se laver la figure.

Lorsqu'elles se turent et que quelqu'un s'éloigna, j'attendis que Berti parle, mais Berti regardait dans le vague, une expression dure et distraite sur le visage, et restait muet.

Je lui dis, quand il s'en alla, de faire en sorte que ce genre de choses ne se reproduise pas. Je coupai court et fermai la porte.

Ce soir-là, il ne vint pas au rocher. Guido, lui,

y vint, épongeant sa sueur. Clelia lui demanda d'un ton moqueur quand on retournerait danser là-haut.

— Tu entends ? dit-il à Doro. Ta femme a envie de danser.

— Pas moi, dit Doro.

Clelia était en train de me parler d'une petite loggia de ce vieux palais de son oncle, laquelle lui revenait en mémoire ce soir-là et où elle aurait voulu être maintenant. Guido l'écouta un instant et puis il dit que j'étais tout à fait l'homme qu'il fallait pour apprécier ces voix du passé.

Clelia sourit, interdite, et lui répondit que les propos sur le présent, c'était de lui qu'elle les attendait. Nous regardâmes Guido qui cligna de l'œil – à mon intention, je crois – et répliqua à Clelia qu'elle nous raconte au moins quelque chose d'intéressant – son premier bal – le premier bal d'une femme est toujours plein d'imprévu.

— Non, non, dit Clelia, nous voulons que vous parliez de votre premier bal *à vous*. Ou même du dernier, celui d'hier soir.

Doro se leva et dit : « Modérez-vous. Moi, je vais nager.

— Oui, dis-je. On parle toujours du premier bal des jeunes filles. Et celui des petits mâles ? Qu'arrive-t-il aux futurs Guido la première fois qu'ils étreignent une jeune fille ?

— Il n'y a pas de première fois, dit Clelia.

Les futurs Guido n'ont pas commencé un jour donné. Ils le faisaient déjà avant de naître. »

Nous continuâmes ainsi jusqu'au retour de Doro. Ces plaisanteries agressives plaisaient à Clelia et elle y mêlait une sorte de sous-entendu séduisant, une malice que – je me trompe peut-être – Guido ne remarquait pas toujours. Ou plutôt, il avait l'air de les encaisser en pensant à autre chose, mais la complaisance dédaigneuse avec laquelle il se prêtait à ce jeu me fit sourire.

— Vous avez l'air d'être mari et femme, dis-je.

— Mufle, dit Clelia.

— Avec une femme comme Clelia peut-on faire autre chose que plaisanter ? dit Guido.

— Il n'y a qu'un seul homme avec qui elle ne plaisante pas, dis-je à mon tour.

— Naturellement, fit Clelia.

Doro revint et se jeta sur le sable, dans les derniers rayons de soleil. Au bout d'un moment, Guido se leva et nous dit qu'il allait au bar. Il s'éloigna au milieu des piquets des parasols repliés et des heurts et des embardées du va-et-vient vespéral. À quelque distance, Ginetta et d'autres jeunes gens saluaient bruyamment une barque qui arrivait. Nous trois, nous nous taisions ; j'écoutais les bruits sourds et les voix amorties.

— Vous savez, Clelia, dis-je soudain, qu'en vous voyant, mon étudiant a décidé de changer de vie ?

Doro leva la tête. Clelia écarquilla les yeux.

— Il a donné congé à sa maîtresse et dit du mal de toutes les femmes. C'est un signe infaillible.

— Merci, murmura Clelia.

Doro s'étendit de nouveau. « Étant donné que Doro est présent, continuai-je, je peux même le dire. Il est amoureux de vous. »

Clelia sourit sans bouger. « Je suis désolée pour cette femme… Il n'y a rien que je puisse faire ? »

Je souris malgré moi.

— Quand il y a tant de jeunes filles qui ne demanderaient pas mieux, dit Clelia, c'est embêtant.

— Pourquoi ça ? dis-je. Il est heureux. Il est plus heureux que nous. Il faut le voir caresser les arbres et rêvasser.

— S'il prend la chose comme ça, dit Clelia.

Doro se retourna sur le sable. « Oh, assez », dit-il.

Nous lui dîmes de se taire car cela ne le concernait pas. Clelia regarda un instant le sable sans rien dire. « Mais c'est bien vrai ? » demanda-t-elle soudain.

Je la rassurai en riant. « Qu'est-ce qu'il me trouve, cet idiot ? » dit-elle alors. Elle me regarda, soupçonneuse. « Vous êtes tous idiots », dit-elle.

Je lui répétai de nouveau que mon étudiant était heureux et que cela suffisait, et que, quant à moi, j'aurais accepté d'être idiot à ce prix.

Alors, Clelia sourit et dit : « C'est vrai. C'est comme lorsque j'étais dans la loggia et qu'au lieu d'étudier je lançais des boulettes de papier sur la nuque des passants. Une fois un monsieur m'attendit en bas et me fit une de ces peurs. Il voulait savoir ce que je lui avais écrit. C'était un devoir de latin. »

Doro riait, étendu sur le sable.

— Et ce monsieur, c'était Guido, dis-je.

Clelia me planta ses yeux en plein visage. Qu'est-ce que j'avais contre Guido, me demanda-t-elle. Je restai tout confus. « Je le connais, lui dis-je.

— Guido ne fait pas des choses comme ça, dit Clelia. Guido respecte les femmes bien. »

X

Guido m'invita avec beaucoup de précautions à monter un soir en auto jusque là-haut. « Il y aura Nina. Vous voulez bien, n'est-ce pas ? » Du coin de l'œil, il regarda Berti qui était resté quelques pas en arrière pour me laisser parler, et me lança un regard interrogateur. Je lui demandai d'emmener aussi Berti, qui était un jeune homme déluré et qui savait danser, ce qui était plus que je ne savais faire. Guido fronça le sourcil et dit : « Bien sûr. » Alors, je les présentai l'un à l'autre.

Ce fut une soirée de silences. Berti avait cru retrouver Clelia et, au lieu de ça, il dut danser avec Nina qui le toisait et il en perdait la parole ; nous autres, assis à la table, nous nous taisions et suivions des yeux les couples. Ce n'était pas que Guido voulût se débarrasser de Nina : ce qu'il me dit avec insouciance me parut plutôt une confidence : « J'ai un âge, *professore,* où l'on ne peut plus changer de vie, mais si Nina voulait se distraire, trouver un milieu, une compagnie qui lui plaise, je verrais la chose d'un bon œil.

— Il n'y a qu'à le lui dire.

— Non, dit Guido. Elle se sent seule. Vous comprenez, un homme a des amis, des relations à entretenir. Il ne peut pas toujours lui consacrer son temps.

— Une franche explication ne vaudrait pas mieux ? suggérai-je.

— Avec d'autres femmes, mais pas avec elle. Une amie, une vieille amie, vous comprenez... une femme exigeante, vous voyez ce que je veux dire ? »

Ensuite, Nina dansa quelquefois avec lui, et Berti fumait des cigarettes à notre table, en regardant autour de lui. Il me demanda si cette dame était la femme de Guido.

— Elle non, lui dis-je. Elle appartient au monde que tu imagines. Qui cherches-tu ?

— Personne.

— Mes amis ne viendront pas. Quand cette personne est là, ils ne viennent pas.

Cette nuit-là, dans le petit escalier sous l'olivier, je lui demandai si Nina lui plaisait et, à sa grimace, je répliquai qu'il aurait fait un grand plaisir également à Guido s'il s'était un peu occupé d'elle. « Mais s'il en a marre, pourquoi ne la plaque-t-il pas ? dit Berti. — Essaie de le lui demander », dis-je.

Berti ne le lui demanda pas et, au lieu de cela,

le soir suivant, ayant saisi au vol la nouvelle que nous allions monter danser avec Clelia et Guido, il vint à pied au dancing – et je ne sais même pas s'il dîna. Nous le vîmes, en avançant parmi les tables, assis au fond. Il avait un verre devant lui et jeta sa cigarette. Mais il ne bougea pas.

Par hasard, Ginetta ne faisait pas partie du groupe. Pour moi qui maintenant avais l'impression de lire dans sa pensée, il fut évident qu'il avait compté sur la présence de Ginetta pour commencer à danser. Guido, tout ragaillardi par cette soirée de liberté, regardait autour de lui avec satisfaction et lui fit un signe distrait. Berti se leva et vint vers nous. Je regardai fixement le sol : je suis lâche. « Comment va Madame ? » demanda Berti.

Notre gêne à tous fut rompue par un petit rire que ne put réprimer Clelia. Alors, Guido répondit : « Nous allons tous bien », d'un ton et avec un geste vagues qui nous fit tous sourire, sauf Berti qui rougit. Il resta un instant à nous regarder et moi, incapable de résister, je dis en jetant un coup d'œil à Clelia : « C'est là le fameux Berti. » Doro, d'un air ennuyé, lui fit signe de s'asseoir, grommelant : « Restez avec nous. »

Naturellement, ce fut à moi de m'occuper de lui. Assis sur le bord de sa chaise, il nous regardait patiemment du coin de l'œil. Je lui demandai ce qu'il faisait là tout seul, et Berti répondit par une grimace, tressaillant, comme s'il eût écouté l'orchestre. « Mon ami me dit que vous avez interrompu vos études, dit soudain Doro. Qu'est-ce que vous faites ? Vous travaillez ?

— Je suis chômeur, répondit Berti avec une certaine violence.

— Mon ami dit que vous vous amusez, continua Doro sans l'écouter. Vous êtes avec quelqu'un ? »

Berti répondit simplement que non. Nous nous tûmes tous. Clelia, qui faisait à demi face à l'orchestre, tourna la tête et dit : « Vous dansez, Berti ? »

Je lui fus reconnaissant de cette phrase. Berti put la regarder fixement et faire un signe de la tête. « Dommage que Ginetta et Luisella ne soient pas venues, dit Clelia. Vous les connaissez, n'est-ce pas ? » Sans détacher d'elle ses yeux, Berti répondit qu'il les connaissait. « Et moi, vous ne voulez pas me faire danser ? » dit Clelia.

Tandis qu'ils s'éloignaient, aucun d'entre nous ne dit rien. Guido s'agita pour ramasser une petite cuiller et pendant ce temps mes yeux rencontraient ceux de Doro. Je crois qu'il dut lire sur mon visage une question inquiète, car, alors qu'embarrassé j'étais sur le point de regarder ailleurs, je le vis froncer le sourcil et sourire à fleur de lèvres.

— Qu'y a-t-il ? dit Guido en se relevant.

Clelia et Berti revinrent presque aussitôt. Je

ne sais si l'orchestre joua moins longtemps que d'habitude ou si j'avais été distrait par mon inquiétude. Ils revinrent donc, et Clelia dit quelque chose, je ne me rappelle pas quoi, ce qu'elle aurait pu dire en descendant d'un taxi. Berti la suivait comme une ombre.

Au cours de la soirée, ils dansèrent ensemble une fois encore. Je crois que c'est Clelia qui l'avait encouragé d'un coup d'œil. Berti se leva sans mot dire et attendit, la regardant à peine, que Clelia le rejoigne. Pendant les moments où j'étais assis à la table tantôt avec Doro et tantôt avec Guido, il arrivait que l'un de nous adressât la parole à Berti et qu'il répondît avec condescendance, par monosyllabes. Guido dansa beaucoup avec Clelia et il revenait à la table avec des yeux brillants. Après quoi, pendant un moment, nous restâmes tous à la table, bavardant. Berti essayait de ne pas trop regarder Clelia et avait un air ennuyé et absorbé par l'orchestre. Il ne parlait pas. Ce fut alors que Guido lui dit :

— Vous avez des examens de repêchage, cette année ?

— Non, balbutia calmement Berti.

— Parce que vous avez une tête de type qui passe des examens et non de personne bien élevée.

Berti eut un sourire idiot. Clelia sourit elle aussi. Doro ne bougea pas. Les secondes passaient et personne ne parlait. Guido nous regarda de travers et marmonna encore quelque chose. Plus insultante que tout était la demi-grimace de dédain qu'il adressa à Berti. Comme s'il eût dit : « Voilà une bonne chose de faite. N'y pensons plus. »

Berti ne disait rien. Il souriait encore vaguement. Tout à coup, Clelia dit : « Vous voulez qu'on danse ? » Je levai la tête. Berti venait de se mettre debout.

Clelia revint seule à la table, saluant tranquillement d'un signe quelqu'un qu'elle connaissait. Elle s'assit avec une grimace de lassitude, presque une moue, et sans nous regarder, grommela : « J'espère que maintenant vous serez plus amusants. » Des amis, qui débouchèrent à ce moment précis de la pénombre, survinrent à point pour nous distraire.

De retour dans l'auto, Clelia répondit à un début de questionnement de ma part qu'en dansant, Berti ne disait pas un mot. Guido par contre, en eut beaucoup à dire lorsque, restés seuls, nous bûmes un dernier verre au bar. Il m'expliqua qu'il ne pouvait pas souffrir les jeunes gens et qu'il ne pouvait pas permettre qu'ils aient l'air de lui faire la leçon. « Il faut bien pourtant qu'ils vivent eux aussi, dis-je, et que l'expérience leur apprenne. — Qu'ils commencent par passer par où nous sommes passés », répliqua Guido avec entêtement.

Nina l'attendait au bar. Je n'en fus pas surpris.

Elle était assise devant une petite table basse, le menton sur le poing, et suivait des yeux la fumée de sa cigarette. Elle nous salua d'un signe et, pendant que Guido commandait au comptoir, elle me demanda de sa voix âpre et modulée, sans déplacer sa main, pourquoi on ne me voyait pas plus souvent.

— Et hier soir ? dis-je.

— Vous ne dansez pas, vous ne prenez pas des bains de soleil, vous mangez seul : pourquoi ne venez-vous pas avec nous ? Oh, les amis de Guido ! Mais qu'a donc cette femme pour vous séduire tous ? Vous n'allez pas me dire que vous, c'est l'*ingegnere* que vous fréquentez.

— Je ne dis rien, balbutiai-je.

Il faisait tiède, cette nuit-là, et c'était dommage de rentrer. Qui sait si Berti m'attendait au bas de l'escalier. Probablement, il était allé s'asseoir sur la plage pour digérer son affront. Je n'avais nulle envie de le rencontrer. Lorsque je fus de retour dans ma chambre, je restai longuement à la fenêtre.

Le lendemain, Berti m'appela d'en bas. Notre ruelle était encore tout entière dans l'ombre. Il me cria si je ne voulais pas venir me baigner avec lui. Il se tut un instant et puis demanda s'il pouvait monter. Il entra d'un pas agressif et les yeux brillants et las. « Tu crois que c'est une heure ? » dis-je. Il avait l'air de ne pas avoir dormi et il me le dit du reste presque tout de suite, d'un ton négligent. Il paraissait même s'en vanter. « Venez vous baigner, *professore*, insista-t-il. Il n'y a personne. »

J'avais une lettre à écrire. « *Professore*, me dit-il après un bref silence, il suffit de faire de la nuit le jour. Tout devient beau. »

Je levai les yeux de ma feuille de papier. « À ton âge, les chagrins sont très légers. »

Berti sourit avec une certaine dureté. « Pourquoi devrais-je avoir du chagrin ? » Il me regardait en dessous. « Je croyais que tu t'étais disputé…, dis-je.

— Avec qui ? m'interrompit-il.

— Eh bien alors, tout va bien, grommelai-je.

— Venez vous baigner, *professore*, dit Berti. La mer est grande. »

XI

Je lui dis que je devais y aller plus tard avec mes amis et qu'il me laisse tranquille. Il s'en alla avec, sur le visage, son expression à la fois grave et ennuyée, et sur-le-champ je regrettai de l'avoir ainsi malmené. Mais tant pis, conclus-je, qu'il apprenne à ses dépens. *Moi*, j'ai appris.

Au bar, je rencontrai Guido. Il avait son habituelle chemise à col ouvert et un pantalon blanc ; et la fausse virilité de son bronzage me fit sourire. Guido me tendit la main en souriant et leva les yeux vers les toits, mi-canaille mi-sévère. « Quelle journée », dit-il. Le ciel et la matinée étaient vraiment enchanteurs. « Prenez un marsala, *professore.* Cette nuit, hein ? » Il clignait de l'œil, je ne sais pourquoi, et il ne me laissait pas aller. « Et que fait la belle Clelia ? dit-il.

— J'arrive à l'instant de chez moi.

— Toujours chaste, *professore.* »

Nous nous mîmes en route. Il me demanda si je restais encore longtemps à la mer. « Je commence à en avoir assez, dis-je. Trop de complications. »

Guido ne m'écoutait pas, ou peut-être ne me comprit-il pas.

— Vous êtes seul, vous, dit-il.

— J'ai des amis.

— Cela ne suffit pas. Moi aussi, j'ai les mêmes amis, mais je ne serais pas aussi en forme ce matin si j'avais dormi dans un lit à une seule place.

Comme je me taisais, il m'expliqua que la compagnie de Clelia lui plaisait à lui aussi, mais que le fumet n'est pas le rôti.

— Et le rôti, ce serait ?

Guido se mit à rire. « Il y a des femmes de chair, dit-il, et des femmes d'air. Une bouffée après le repas, c'est agréable. Mais il faut avoir mangé auparavant. »

À la vérité, lui dis-je, si j'étais à la mer, c'était pour Doro.

— À propos, dis-je, il ne peint plus.

— Il serait temps, répliqua Guido.

Mais, ce matin-là, ni Clelia ni Doro ne vinrent à la plage. Ni Gisella ni les autres n'étaient au courant de rien. À midi, je m'impatientai et, profitant de ce qu'on parlait de faire une promenade en barque, je rentrai m'habiller et montai à la villa. Dans la rue, personne. Je m'approchais de la grille quand débouchèrent sur le gravier Doro et un monsieur âgé avec canne et panama, qui se dirigeait posément vers la rue et écoutait je ne sais quoi, en répondant par des signes de tête. Lorsque nous fûmes seuls, Doro me regarda avec des yeux comiquement inquiets. « Que se passe-t-il ? dis-je. — Il se passe que Clelia est enceinte. »

Avant de le féliciter, j'attendis que Doro m'en donne l'occasion. Nous remontâmes la petite allée vers les marches. Doro avait l'air incrédule et amusé. « En somme, tu es content, lui dis-je. — Je veux d'abord voir comment cela se terminera, grogna-t-il. C'est la première fois que ça m'arrive. »

Clelia qui sortait alors de sa chambre demanda qui était là. Elle me fit un sourire, presque avec l'air de s'excuser, et porta son mouchoir à sa bouche. « Je ne vous dégoûte pas ? » dit-elle.

Puis nous nous entretînmes de ce docteur qui avait beaucoup parlé de responsabilité et qui voulait revenir avec je ne sais quels instruments pour faire un diagnostic scientifique. « Quel fou, disait Clelia.

— Mais non ! éclata Doro. Aujourd'hui, nous prenons le train et allons à Gênes. Il faut que De Luca t'examine. »

Clelia me regarda, résignée. « Vous voyez, dit-elle. La paternité commence. C'est lui qui commande. »

Je dis que je regrettais qu'elle dût interrompre son séjour à la mer mais que finalement, c'était une belle chose.

— Et vous croyez que je ne le regrette pas aussi ? marmonna Clelia.

Doro comptait sur ses doigts. « Ce sera plus ou moins dans…

— Assez », dit Clelia.

En réalité, ils ne partirent pas par le train mais avec l'auto de Guido. Doro qui m'accompagna jusqu'au village me confia qu'il éprouvait une certaine répugnance à l'idée de parler de cela à la ronde et qu'il aurait préféré une luxation ou une fracture. Il jasait avec une grande volubilité, blaguant sur des choses sans importance. « Tu es plus agité que Clelia, lui dis-je. — Oh, Clelia est déjà résignée, répliqua Doro. Ça me porte sur les nerfs de voir combien elle est résignée.

— Tu ne t'y attendais pas ?

— C'est comme jouer à la loterie, dit Doro. On a mis le billet dans sa poche et on n'y pense plus. »

Cet après-midi-là, lorsque Guido arrêta son auto devant la grille, j'étais avec Clelia et nous nous disions au revoir. Je la regardais tourner dans les pièces et faire des paquets, cependant que la femme de chambre montait et descendait en courant. De temps en temps, Clelia poussait un soupir et venait à la fenêtre à laquelle j'étais appuyé, telle une maîtresse de maison qui fait le tour de ses invités et qui réserve à l'un d'entre eux ses manifestations de fatigue et d'ennui.

— Contente de rentrer à Gênes ? lui dis-je.

Souriant distraitement, elle fit oui de la tête.

— Les voyages imprévus plaisent à Doro, dis-je. Espérons que ce sera le dernier.

Clelia ne releva pas non plus cette allusion. Elle dit au contraire qu'en ce genre de choses, on ne peut jurer de rien ; puis elle devint toute rouge et s'en tira en protestant : « Oh, espèce de mufle ! »

Je lui dis que j'allais quitter moi aussi la plage. Je rentrais chez moi. « Je suis désolée », dit Clelia. Au contraire, lui répondis-je, j'étais content d'avoir passé avec elle son dernier été de jeune fille. Pendant un instant, Clelia redevint celle des jours passés : elle s'arrêta, la tête levée, et dit à mi-voix : « C'est vrai. Que je suis bête. Vous avez dû beaucoup vous ennuyer, mon pauvre ami. »

Ils partirent, au milieu de l'après-midi, avec Guido qui plaisantait, mais comme Clelia témoigna sur-le-champ d'une certaine lassitude, je crois qu'il cessa. Ils me dirent de les attendre car ils comptaient revenir dans quelques jours : moi, je les vis s'éloigner avec une certaine tristesse. Au fond, cela m'ennuyait que Doro ne m'ait pas demandé de lui tenir compagnie.

Le matin suivant, j'étais sur la plage avec Ginetta et, après avoir parlé un peu de Clelia, je ne savais plus que lui dire, quand des jeunes gens survinrent et me l'enlevèrent. J'errai parmi les parasols. Apercevant Nina, je pris le large. J'attendais Berti d'un instant à l'autre.

Au lieu de cela, comme je revenais dans l'avenue, je rencontrai Guido. Il venait de mettre son auto au garage. Il me dit que le couple restait à Gênes. Leur médecin était absent et Clelia avait un peu souffert du voyage. « C'est embêtant, dit-il, cette année, tout le monde s'en va. »

Berti, comme d'habitude, se manifesta au restaurant. Il entra telle une ombre et je sus qu'il était devant ma table avant même de lever les yeux. Il me parut tranquille.

À son expression lasse et ennuyée, j'aurais juré qu'il était au courant du départ de mes amis. Au lieu de cela, il me demanda si, ce matin-là, j'étais allé à la plage. Nous échangeâmes quelques mots, et tout en parlant, je cherchais que lui dire. Je lui demandai quand il rentrait en ville.

Il eut un geste d'ennui.

— Tout le monde rentre, dis-je.

Lorsqu'il sut que Clelia était partie, il se mit à jouer avec sa boîte d'allumettes. Je ne lui avais pas dévoilé le motif de ce départ ; et comme il me semblait mortifié – l'idée me vint brusquement qu'il s'en considérait la cause, à la suite de l'incident du dancing – je lui dis alors que, selon ses désirs, cette jeune femme s'était conduite en bonne épouse et avait conçu un enfant. Berti me regarda sans sourire ; puis il sourit sans raison, posa sa boîte d'allumettes et balbutia : « Je m'y attendais.

— C'est embêtant, dis-je, que ce genre de choses arrive. Les dames comme Clelia ne devraient jamais s'y laisser prendre. »

Sans que je me rende compte de la transition,

Berti devint inconsolable. Je me rappelle que nous retournâmes ensemble vers la maison : je me taisais et lui se taisait aussi, regardant çà et là.

— Tu vas rentrer à Turin ? lui dis-je.

Mais lui voulait aller à Gênes. Il me pria de lui prêter l'argent du voyage. Je lui demandai s'il était fou. Il me répondit qu'il aurait pu mentir et me demander cet argent pour régler une dette, mais qu'avec moi on dépensait sa sincérité en pure perte. Il voulait simplement revoir Clelia et la saluer.

— Qu'est-ce que tu crois ? m'exclamai-je. Qu'elle se souvient de toi ?

Alors, il se tut de nouveau. Moi, je pensais à l'étrangeté de la chose : j'avais l'argent du voyage et je ne faisais pas celui-ci. Cependant, nous arrivâmes dans la ruelle et la vue de l'olivier m'irrita. Je commençais à comprendre que rien n'est plus inhabitable qu'un lieu où l'on a été heureux. Je comprenais pourquoi Doro, un beau jour, avait pris le train pour retourner dans ses collines, et pourquoi, le matin suivant, il était revenu à son destin.

Le même soir, nous nous retrouvâmes au café – il y avait tout le monde, même Guido et même Nina à sa table – et je décidai Berti à rentrer avec moi à Turin. Guido voulait nous emmener danser, il était disposé à y emmener même Berti. Mais nous autres, nous partîmes cette nuit-là.

COLLECTION FOLIO 2 €

Dernières parutions

4554. Henry Miller	*Lire aux cabinets* précédé d'*Ils étaient vivants et ils m'ont parlé*
4555. Alfred de Musset	*Emmeline* suivi de *Croisilles*
4556. Irène Némirovsky	*Ida* suivi de *La comédie bourgeoise*
4557. Rainer Maria Rilke	*Au fil de la vie. Nouvelles et esquisses*
4558. Edgar Allan Poe	*Petite discussion avec une momie* et autres histoires extraordinaires
4596. Michel Embareck	*Le temps des citrons*
4597. David Shahar	*La moustache du pape* et autres nouvelles
4598. Mark Twain	*Un majestueux fossile littéraire* et autres nouvelles
4618. Stéphane Audeguy	*Petit éloge de la douceur*
4619. Éric Fottorino	*Petit éloge de la bicyclette*
4620. Valentine Goby	*Petit éloge des grandes villes*
4621. Gaëlle Obiégly	*Petit éloge de la jalousie*
4622. Pierre Pelot	*Petit éloge de l'enfance*
4639. Benjamin Constant	*Le Cahier rouge*
4640. Carlos Fuentes	*La Desdichada*
4641. Richard Wright	*L'homme qui a vu l'inondation* suivi de *Là-bas, près de la rivière*
4666. Collectif	*Le pavillon des Parfums-Réunis* et autres nouvelles chinoises des Ming
4667. Thomas Day	*L'automate de Nuremberg*
4668. Lafcadio Hearn	*Ma première journée en Orient* suivi de *Kizuki, le sanctuaire le plus ancien du Japon*
4669. Simone de Beauvoir	*La Femme indépendante*
4670. Rudyard Kipling	*Une vie gaspillée* et autres nouvelles
4671. D.H. Lawrence	*L'épine dans la chair* et autres nouvelles
4672. Luigi Pirandello	*Eau amère* et autres nouvelles

4673. Jules Verne	*Les révoltés de la Bounty* suivi de *Maître Zacharius*
4674. Anne Wiazemsky	*L'île*
4708. Isabelle de Charrière	*Sir Walter Finch et son fils William*
4709. Madame d'Aulnoy	*La Princesse Belle Étoile et le prince Chéri*
4710. Isabelle Eberhardt	*Amours nomades. Nouvelles choisies*
4711. Flora Tristan	*Promenades dans Londres* (extraits)
4737. Joseph Conrad	*Le retour*
4738. Roald Dahl	*Le chien de Claude*
4739. Fédor Dostoïevski	*La femme d'un autre et le mari sous le lit. Une aventure peu ordinaire*
4740. Ernest Hemingway	*La capitale du monde* suivi de *L'heure triomphale de Francis Macomber*
4741. H. P. Lovecraft	*Celui qui chuchotait dans les ténèbres*
4742. Gérard de Nerval	*Pandora* et autres nouvelles
4743. Juan Carlos Onetti	*À une tombe anonyme*
4744. Robert Louis Stevenson	*La chaussée des Merry Men*
4745. Henry David Thoreau	*«Je vivais seul, dans les bois»*
4746. Michel Tournier	*L'aire du Muguet* précédé de *La jeune fille et la mort*
4781. Collectif	*Sur le zinc. Au café avec les écrivains*
4782. Francis Scott Fitzgerald	*L'étrange histoire de Benjamin Button* suivi de *La lie du bonheur*
4783. Lao She	*Le nouvel inspecteur* suivi de *Le croissant de lune*
4784. Guy de Maupassant	*Apparition* et autres contes de l'étrange
4785. D. A. F. de Sade	*Eugénie de Franval. Nouvelle tragique*
4786. Patrick Amine	*Petit éloge de la colère*
4787. Élisabeth Barillé	*Petit éloge du sensible*
4788. Didier Daeninckx	*Petit éloge des faits divers*
4789. Nathalie Kuperman	*Petit éloge de la haine*
4790. Marcel Proust	*La fin de la jalousie* et autres nouvelles
4839. Julian Barnes	*À jamais* et autres nouvelles
4840. John Cheever	*Une Américaine instruite* précédé d'*Adieu, mon frère*

4841. Collectif — *« Que je vous aime, que je t'aime ! » Les plus belles déclarations d'amour*
4842. André Gide — *Souvenirs de la cour d'assises*
4843. Jean Giono — *Notes sur l'affaire Dominici* suivi d'*Essai sur le caractère des personnages*
4844. Jean de La Fontaine — *Comment l'esprit vient aux filles* et autres contes libertins
4845. Yukio Mishima — *Papillon* suivi de *La lionne*
4846. John Steinbeck — *Le meurtre* et autres nouvelles
4847. Anton Tchékhov — *Un royaume de femmes* suivi de *De l'amour*
4848. Voltaire — *L'Affaire du chevalier de La Barre* précédé de *L'Affaire Lally*
4875. Marie d'Agoult — *Premières années (1806-1827)*
4876. Madame de Lafayette — *Histoire de la princesse de Montpensier* et autres nouvelles
4877. Madame Riccoboni — *Histoire de M. le marquis de Cressy*
4878. Madame de Sévigné — *«Je vous écris tous les jours...» Premières lettres à sa fille*
4879. Madame de Staël — *Trois nouvelles*
4911. Karen Blixen — *Saison à Copenhague*
4912. Julio Cortázar — *La porte condamnée* et autres nouvelles fantastiques
4913. Mircea Eliade — *Incognito à Buchenwald...* précédé d'*Adieu !...*
4914. Romain Gary — *Les trésors de la mer Rouge*
4915. Aldous Huxley — *Le jeune Archimède* précédé de *Les Claxton*
4916. Régis Jauffret — *Ce que c'est que l'amour* et autres microfictions
4917. Joseph Kessel — *Une balle perdue*
4919. Junichirô Tanizaki — *Le pont flottant des songes*
4920. Oscar Wilde — *Le portrait de Mr. W. H.*
4954. Franz Bartelt — *Petit éloge de la vie de tous les jours*
4955. Roger Caillois — *Noé* et autres textes
4956. Casanova — *Madame F.* suivi d'*Henriette*
4957. Henry James — *De Grey, histoire romantique*
4958. Patrick Kéchichian — *Petit éloge du catholicisme*

4959. Michel Lermontov	*La princesse Ligovskoï*
4960. Pierre Péju	*L'idiot de Shanghai* et autres nouvelles
4961. Brina Svit	*Petit éloge de la rupture*
4962. John Updike	*Publicité* et autres nouvelles
5010. Anonyme	*Le Petit-Fils d'Hercule. Un roman libertin*
5011. Marcel Aymé	*La bonne peinture*
5012. Mikhaïl Boulgakov	*J'ai tué* et autres récits
5013. Arthur Conan Doyle	*L'interprète grec* et autres aventures de Sherlock Holmes
5014. Frank Conroy	*Le cas mystérieux de R.* et autres nouvelles
5015. Arthur Conan Doyle	*Une affaire d'identité* et autres aventures de Sherlock Holmes
5016. Cesare Pavese	*Histoire secrète* et autres nouvelles
5017. Graham Swift	*Le sérail* et autres nouvelles
5018. Rabindranath Tagore	*Aux bords du Gange* et autres nouvelles
5019. Émile Zola	*Pour une nuit d'amour* suivi de *L'Inondation*
5060. Anonyme	*L'œil du serpent. Contes folkloriques japonais*
5061. Federico García Lorca	*Romancero gitan* suivi de *Chant funèbre pour Ignacio Sanchez Mejías*
5062. Ray Bradbury	*Le meilleur des mondes possibles* et autres nouvelles
5063. Honoré de Balzac	*La Fausse Maîtresse*
5064. Madame Roland	*Enfance*
5065. Jean-Jacques Rousseau	*« En méditant sur les dispositions de mon âme... »* et autres *Rêveries* suivi de *Mon portrait*
5066. Comtesse de Ségur	*Ourson*
5067. Marguerite de Valois	*Mémoires 1569-1577* (extraits)
5068. Madame de Villeneuve	*La Belle et la Bête*
5069. Louise de Vilmorin	*Sainte-Unefois*
5120. Hans Christian Andersen	*La Vierge des glaces*
5121. Paul Bowles	*L'éducation de Malika*
5122. Collectif	*Au pied du sapin. Contes de Noël*
5123. Vincent Delecroix	*Petit éloge de l'ironie*

5124. Philip K. Dick — *Petit déjeuner au crépuscule* et autres nouvelles
5125. Jean-Baptiste Gendarme — *Petit éloge des voisins*
5126. Bertrand Leclair — *Petit éloge de la paternité*
5127. Alfred de Musset - George Sand — *« Ô mon George, ma belle maîtresse... » Lettres*
5128. Grégoire Polet — *Petit éloge de la gourmandise*
5129. Paul Verlaine — *L'Obsesseur* précédé d'*Histoires comme ça*
5163. Ryûnosuke Akutagawa — *La vie d'un idiot* précédé d'*Engrenage*
5164. Anonyme — *Saga d'Eiríkr le Rouge* suivi de *Saga des Groenlandais*
5165. Antoine Bello — *Go Ganymède!*
5166. Adelbert von Chamisso — *L'étrange histoire de Peter Schlemihl*
5167. Collectif — *L'art du baiser. Les plus beaux baisers de la littérature*
5168. Guy Goffette — *Les derniers planteurs de fumée*
5169. H. P. Lovecraft — *L'horreur de Dunwich*
5170. Léon Tolstoï — *Le Diable*
5184. Alexandre Dumas — *La main droite du sire de Giac* et autres nouvelles
5185. Edith Wharton — *Le miroir* suivi de *Miss Mary Pask*
5231. Théophile Gautier — *La cafetière* et autres contes fantastiques
5232. Claire Messud — *Les Chasseurs*
5233. Dave Eggers — *Du haut de la montagne, une longue descente*
5234. Gustave Flaubert — *Un parfum à sentir ou Les Baladins* suivi de *Passion et vertu*
5235. Carlos Fuentes — *En bonne compagnie* suivi de *La chatte de ma mère*
5236. Ernest Hemingway — *Une drôle de traversée*
5237. Alona Kimhi — *Journal de Berlin*
5239. Kenzaburô Ôé — *Seventeen*
5240. P. G. Wodehouse — *Une partie mixte à trois* et autres nouvelles du green

5290. Jean-Jacques Bernard — *Petit éloge du cinéma d'aujourd'hui*
5291. Jean-Michel Delacomptée — *Petit éloge des amoureux du silence*
5292. Mathieu Terence — *Petit éloge de la joie*
5293. Vincent Wackenheim — *Petit éloge de la première fois*
5295. Collectif — *Ne nous fâchons pas ! ou l'art de se disputer au théâtre*
5296. Robin Robertson — *Fiasco ! Des écrivains en scène*
5297. Miguel de Unamuno — *Des yeux pour voir* et autres contes
5298. Jules Verne — *Une fantaisie du Docteur Ox*
5299. Robert Charles Wilson — *YFL-500* suivi du *Mariage de la dryade*
5347. Honoré de Balzac — *Philosophie de la vie conjugale*
5348. Thomas De Quincey — *Le bras de la vengeance*
5349. Charles Dickens — *L'Embranchement de Mugby*
5351. Marcus Malte — *Mon frère est parti ce matin...*
5352. Vladimir Nabokov — *Natacha* et autres nouvelles
5353. Arthur Conan Doyle — *Un scandale en Bohême* suivi d'*Étoile d'argent. Deux aventures de Sherlock Holmes*
5354. Jean Rouaud — *Préhistoires*
5355. Mario Soldati — *Le père des orphelins*
5356. Oscar Wilde — *Maximes* et autres textes
5415. Franz Bartelt — *Une sainte fille* et autres nouvelles
5416. Mikhaïl Boulgakov — *Morphine*
5417. Guillermo Cabrera Infante — *Coupable d'avoir dansé le cha-cha-cha*
5418. Collectif — *Jouons avec les mots. Jeux littéraires*
5419. Guy de Maupassant — *Contes au fil de l'eau*
5420. Thomas Hardy — *Les intrus de la Maison Haute* précédé d'un autre conte du Wessex
5421. Mohamed Kacimi — *La confession d'Abraham*
5422. Orhan Pamuk — *Mon père* et autres textes
5423. Jonathan Swift — *Modeste proposition* et autres textes
5424. Sylvain Tesson — *L'éternel retour*
5462. Lewis Carroll — *Misch-masch* et autres textes de jeunesse
5463. Collectif — *Un voyage érotique. Invitations à l'amour dans la littérature du monde entier*

5465. William Faulkner — *Coucher de soleil* et autres Croquis de La Nouvelle-Orléans
5466. Jack Kerouac — *Sur les origines d'une génération* suivi de *Le dernier mot*
5467. Liu Xinwu — *La Cendrillon du canal* suivi de *Poisson à face humaine*
5468. Patrick Pécherot — *Petit éloge des coins de rue*
5469. George Sand — *Le château de Pictordu*
5471. Martin Winckler — *Petit éloge des séries télé*
5526. Jacques Ellul — *« Je suis sincère avec moi-même »* et autres lieux communs
5527. Liu An — *Du monde des hommes. De l'art de vivre parmi ses semblables*
5531. Jacques de Voragine — *La Légende dorée. Vie et mort de saintes illustres*
5532. Grimm — *Hänsel et Gretel* et autres contes
5590. Anonyme — *Le brahmane et le pot de farine. Contes édifiants du* Pañcatantra
5592. Xun zi — *Traité sur le Ciel* et autres textes
5606. Collectif — *Un oui pour la vie ? Le mariage en littérature*
5607. Éric Fottorino — *Petit éloge du Tour de France*
5608. E. T. A. Hoffmann — *Ignace Denner*
5609. Frédéric Martinez — *Petit éloge des vacances*
5610. Sylvia Plath — *Dimanche chez les Minton* et autres nouvelles
5611. Lucien — *« Sur des aventures que je n'ai pas eues ». Histoire véritable*
5631. Boccace — *Le Décaméron. Première journée*
5632. Isaac Babel — *Une soirée chez l'impératrice* et autres récits
5633. Saul Bellow — *Un futur père* et autres nouvelles
5634. Belinda Cannone — *Petit éloge du désir*
5635. Collectif — *Faites vos jeux ! Les jeux en littérature*
5636. Collectif — *Jouons encore avec les mots. Nouveaux jeux littéraires*
5637. Denis Diderot — *Sur les femmes* et autres textes

5638. Elsa Marpeau — *Petit éloge des brunes*
5639. Edgar Allan Poe — *Le sphinx* et autres contes
5640. Virginia Woolf — *Le quatuor à cordes* et autres nouvelles
5714. Guillaume Apollinaire — *« Mon cher petit Lou ». Lettres à Lou*
5715. Jorge Luis Borges — *Le Sud* et autres fictions
5717. Chamfort — *Maximes* suivi de *Pensées morales*
5718. Ariane Charton — *Petit éloge de l'héroïsme*
5719. Collectif — *Le goût du zen. Recueil de propos et d'anecdotes*
5720. Collectif — *À vos marques ! Nouvelles sportives*
5721. Olympe de Gouges — *« Femme, réveille-toi ! » Déclaration des droits de la femme et de la citoyenne* et autres écrits
5722. Tristan Garcia — *Le saut de Malmö* et autres nouvelles
5723. Silvina Ocampo — *La musique de la pluie* et autres nouvelles
5760. Leonardo Sciascia — *La tante d'Amérique*
5761. Prosper Mérimée — *La perle de Tolède* et autres nouvelles
5762. Amos Oz — *Chanter* et autres nouvelles
5794. James Joyce — *Un petit nuage* et autres nouvelles
5795. Blaise Cendrars — *L'Amiral*
5797. Ueda Akinari — *La maison dans les roseaux* et autres contes
5798. Alexandre Pouchkine — *Le coup de pistolet* et autres récits de feu Ivan Pétrovitch Bielkine
5818. Mohammed Aïssaoui — *Petit éloge des souvenirs*
5819. Ingrid Astier — *Petit éloge de la nuit*
5820. Denis Grozdanovitch — *Petit éloge du temps comme il va*
5821. Akira Mizubayashi — *Petit éloge de l'errance*
5835. Francis Scott Fitzgerald — *Bernice se coiffe à la garçonne* précédé du *Pirate de la côte*
5837. Montesquieu — *Plaisirs et bonheur* et autres *Pensées*
5838. Ihara Saikaku — *Histoire du tonnelier tombé amoureux* suivi d'*Histoire de Gengobei*
5839. Tang Zhen — *Des moyens de la sagesse* et autres textes
5856. Collectif — *C'est la fête ! La littérature en fêtes*
5896. Collectif — *Transports amoureux. Nouvelles ferroviaires*

5897. Alain Damasio — *So phare away* et autres nouvelles
5898. Marc Dugain — *Les vitamines du soleil*
5899. Louis Charles Fougeret de Monbron — *Margot la ravaudeuse*
5900. Henry James — *Le fantôme locataire* précédé d'*Histoire singulière de quelques vieux habits*
5901. François Poullain de La Barre — *De l'égalité des deux sexes*
5902. Junichirô Tanizaki — *Le pied de Fumiko* précédé de *La complainte de la sirène*
5903. Ferdinand von Schirach — *Le hérisson* et autres nouvelles
5904. Oscar Wilde — *Le millionnaire modèle* et autres contes
5905. Stefan Zweig — *Découverte inopinée d'un vrai métier* suivi de *La vieille dette*
5973. Collectif — *Pourquoi l'eau de mer est salée* et autres contes de Corée
5974. Honoré de Balzac — *Voyage de Paris à Java* suivi d'*Un drame au bord de la mer*
5975. Collectif — *Des mots et des lettres. Énigmes et jeux littéraires*
5976. Joseph Kessel — *Le paradis du Kilimandjaro* et autres reportages
5977. Jack London — *Une odyssée du Grand Nord* précédé du *Silence blanc*
5992. Pef — *Petit éloge de la lecture*
5994. Thierry Bourcy — *Petit éloge du petit déjeuner*
5995. Italo Calvino — *L'oncle aquatique* et autres récits cosmicomics
5996. Gérard de Nerval — *Le harem* suivi d'*Histoire du calife Hakem*
5997. Georges Simenon — *L'Étoile du Nord* et autres enquêtes de Maigret
5998. William Styron — *Marriott le marine*
5999. Anton Tchékhov — *Les groseilliers* et autres nouvelles
6001. P'ou Song-ling — *La femme à la veste verte. Contes extraordinaires du Pavillon du Loisir*
6002. H. G. Wells — *Le cambriolage d'Hammerpond Park* et autres nouvelles extravagantes

6042. Collectif	*Joyeux Noël ! Histoires à lire au pied du sapin*
6083. Anonyme	*Saga de Hávardr de l'Ísafjördr. Saga islandaise*
6084. René Barjavel	*Les enfants de l'ombre* et autres nouvelles
6085. Tonino Benacquista	*L'aboyeur* précédé de *L'origine des fonds*
6086. Karen Blixen	*Histoire du petit mousse* et autres contes d'hiver
6087. Truman Capote	*La guitare de diamants* et autres nouvelles
6088. Collectif	*L'art d'aimer. Les plus belles nuits d'amour de la littérature*
6089. Jean-Philippe Jaworski	*Comment Blandin fut perdu* précédé de *Montefellóne. Deux récits du Vieux Royaume*
6090. D.A.F. de Sade	*L'Heureuse Feinte* et autres contes étranges
6091. Voltaire	*Le taureau blanc* et autres contes
6111. Mary Wollstonecraft	*Défense des droits des femmes* (extraits)
6159. Collectif	*Les mots pour le lire. Jeux littéraires*
6160. Théophile Gautier	*La Mille et Deuxième Nuit* et autres contes
6161. Roald Dahl	*À moi la vengeance S.A.R.L.* suivi de *Madame Bixby et le manteau du Colonel*
6162. Scholastique Mukasonga	*La vache du roi Musinga* et autres nouvelles rwandaises
6163. Mark Twain	*À quoi rêvent les garçons. Un apprenti pilote sur le Mississippi*
6178. Oscar Wilde	*Le Pêcheur et son Âme* et autres contes
6179. Nathacha Appanah	*Petit éloge des fantômes*
6180. Arthur Conan Doyle	*La maison vide* précédé du *Dernier problème. Deux aventures de Sherlock Holmes*
6181. Sylvain Tesson	*Le téléphérique* et autres nouvelles
6182. Léon Tolstoï	*Le cheval* suivi d'*Albert*
6183. Voisenon	*Le sultan Misapouf et la princesse Grisemine*

6184. Stefan Zweig	*Était-ce lui ?* précédé d'*Un homme qu'on n'oublie pas*
6210. Collectif	*Paris sera toujours une fête. Les plus grands auteurs célèbrent notre capitale*
6211. André Malraux	*Malraux face aux jeunes. Mai 68, avant, après. Entretiens inédits*
6241. Anton Tchékhov	*Les méfaits du tabac* et autres pièces en un acte
6242. Marcel Proust	*Journées de lecture*
6243. Franz Kafka	*Le Verdict – À la colonie pénitentiaire*
6245. Joseph Conrad	*L'associé*
6246. Jules Barbey d'Aurevilly	*La Vengeance d'une femme* précédé du *Dessous de cartes d'une partie de whist*
6285. Jules Michelet	*Jeanne d'Arc*
6286. Collectif	*Les écrivains engagent le débat. De Mirabeau à Malraux, 12 discours d'hommes de lettres à l'Assemblée nationale*
6319. Emmanuel Bove	*Bécon-les-Bruyères* suivi du *Retour de l'enfant*
6320. Dashiell Hammett	*Tulip*
6321. Stendhal	*L'abbesse de Castro*
6322. Marie-Catherine Hecquet	*Histoire d'une jeune fille sauvage trouvée dans les bois à l'âge de dix ans*
6323. Gustave Flaubert	*Le Dictionnaire des idées reçues*
6324. F. Scott Fitzgerald	*Le réconciliateur* suivi de *Gretchen au bois dormant*
6358. Sébastien Raizer	*Petit éloge du zen*
6359. Pef	*Petit éloge de lecteurs*
6360. Marcel Aymé	*Traversée de Paris*
6361. Virginia Woolf	*En compagnie de Mrs Dalloway*
6362. Fédor Dostoïevski	*Un petit héros*
6395. Truman Capote	*New York, Haïti, Tanger* et autres lieux
6396. Jim Harrison	*La fille du fermier*
6412. Léon-Paul Fargue	*Mon quartier* et autres lieux parisiens

6413. Washington Irving	*La Légende de Sleepy Hollow*
6414. Henry James	*Le Motif dans le tapis*
6415. Marivaux	*Arlequin poli par l'amour* et autres pièces en un acte
6417. Vivant Denon	*Point de lendemain*
6418. Stefan Zweig	*Brûlant secret*
6459. Simone de Beauvoir	*L'âge de discrétion*
6460. Charles Dickens	*À lire au crépuscule* et autres histoires de fantômes
6493. Jean-Jacques Rousseau	*Lettres sur la botanique*
6494. Giovanni Verga	*La Louve* et autres récits de Sicile
6495. Raymond Chandler	*Déniche la fille*
6496. Jack London	*Une femme de cran* et autres nouvelles
6528. Michel Déon	*Un citron de Limone* suivi d'*Oublie…*
6530. François Garde	*Petit éloge de l'outre-mer*
6531. Didier Pourquery	*Petit éloge du jazz*
6532. Patti Smith	*« Rien que des gamins »*
6546. Barack Obama	*Discours choisis*
6563. Jean Giono	*Refus d'obéissance*
6564. Ivan Tourguéniev	*Les Eaux tranquilles*
6566. Collectif	*Déclaration universelle des droits de l'homme*
6567. Collectif	*Bonne année ! 10 réveillons littéraires*
6579. Honoré de Balzac	*La Vendetta*
6580. Antoine Bello	*Manikin 100*
6581. Ian McEwan	*Mon roman pourpre aux pages parfumées* et autres nouvelles
6582. Irène Némirovsky	*Film parlé*
6618. Chimamanda Ngozi Adichie	*Le tremblement* précédé de *Lundi de la semaine dernière*
6619. Elsa Triolet	*Le destin personnel* suivi de *La belle épicière*
6650. Collectif	*Tous végétariens ! D'Ovide à Ginsberg, petit précis de littérature végétarienne*
6651. Hans Fallada	*Voyous, truands et autres voleurs*

6652. Marina Tsvétaïéva — *La tempête de neige – Une aventure. 2 pièces romantiques*

6653. Émile Zola — *Le Paradis des chats* et autres textes

6693. Corinne Atlan — *Petit éloge des brumes*

6694. Ludmila Oulitskaïa — *La soupe d'orge perlé* et autres nouvelles

6695. Stefan Zweig — *Les Deux Sœurs* précédé d'*Une histoire au crépuscule*

6727. Marcel Proust — *Vacances de Pâques* et autres chroniques

6728. Jane Austen — *Amour et amitié*

6742. Marguerite Yourcenar — *Les Songes et les Sorts*

6743. Les sœurs Brontë — *Autolouange* et autres poèmes

6744. F. Scott Fitzgerald — *Le diamant gros comme le Ritz*

6745. Nicolas Gogol — *2 nouvelles de Pétersbourg*

6746. Eugène Dabit — *Fauteuils réservés* et autres contes

6778. Annie Ernaux — *Hôtel Casanova* et autres textes brefs

6779. Victor Hugo — *Les Fleurs*

6798. Chimamanda Ngozi Adichie — *Nous sommes tous des féministes* suivi du *Danger de l'histoire unique*

6812. Ray Bradbury — *La fusée* et autres nouvelles

6813. Albert Cossery — *Les affamés ne rêvent que de pain* précédé de *Danger de la fantaisie*

6814. Georges Rodenbach — *Bruges-la-Morte*

6863. Zéno Bianu — *Petit éloge du bleu*

6876. Kazuo Ishiguro — *2 nouvelles musicales*

6888. Ovide — *Pénélope à Ulysse* et autres lettres d'amour de grandes héroïnes antiques

6889. Louis Pergaud — *La tragique aventure de Goupil* et autres contes animaliers

6890. Rainer Maria Rilke — *Notes sur la mélodie des choses* et autres textes

6917. Charles Baudelaire — *De l'essence du rire* et autres textes

6918. Marguerite Duras — *Madame Dodin*

6919. Madame de Genlis — *Mademoiselle de Clermont*

6945. Cesare Pavese — *La plage*

6946. Rabindranath Tagore — *À quatre voix*

Composition Nord Compo
Impression Novoprint
à Barcelone, le 15 avril 2021
Dépôt légal : avril 2021

ISBN 978-2-07-292906-9. / Imprimé en Espagne.

375953